Le chamanisme toltèque et le pouvoir de l'âme

Paul Degryse

Le chamanisme toltèque et le pouvoir de l'âme

Plénitude de soi et autoguérison

Éditions Dervy

Du même auteur

Le Développement personnel systémique, Éditions Accarias-l'Originel, 1997.

Mettre du pouvoir dans ses actes, Éditions Dervy, 2005.

Chamane, le chemin des immortels, Éditions Dervy, 2008, 2013.

Le dit des chamanes, Éditions Accarias-l'Originel, 2008.

Pratique des gestes conscients toltèques, Éditions Dervy-Médicis, 2012.

Site de l'auteur :

Chamanisme-ecologie.com

Dessin du « gouvernail immanent
de l'Univers » d'Anaïs Piollet.
Schémas et tableaux de Margaux Larson.

19, rue Saint-Séverin 75005 Paris
ISBN : 978-2-84454-997-6
contact@dervy.fr
www.dervy-medicis.com

AVERTISSEMENT AU LECTEUR

Cher lecteur,

Ce livre n'est pas fait pour être lu au sens classique du mot, mais pour être absorbé par le centre de décision de votre conscience et devenir l'outil de la transformation existentielle que vous cherchez pour mieux vous comprendre, pour vibrer plus haut, plus fort, plus lumineux et découvrir enfin ce qu'au fond de vous, votre âme vous murmure depuis si longtemps sur le vrai sens de la vie.

Si vous avez ouvert ce livre pour passer le temps, pour vous cultiver, refermez-le, ça ne sert à rien car toute connaissance qui ne change rien à votre existence est inutile, malgré le mythe de notre société actuelle qui entretient par tous les moyens une très haute idée de l'information de la communication et du remplissage culturel de l'intellect.

Plus l'homme actuel est informé, plus il communique, plus il est ignorant de lui-même, moins il a de pouvoir intérieur, moins il a de cœur, d'audace, d'originalité, plus il perd le sens du beau et du sacré.

Le pire, c'est qu'il s'appartient de moins en moins à lui-même. C'est normal ! Car c'est justement pour le rendre ainsi, c'est-à-dire inoffensif, qu'on le noie dans l'information, la communication et la culture.

Ne tombez pas dans ce piège, lisez pour changer, lisez pour devenir le maître de votre vie, lisez pour être plus heureux !

À l'âge de quarante-cinq ans, j'étais très curieux, j'avais lu jusque-là des milliers de livres sur toutes sortes de sujets. Je découvris alors le chamanisme et en commençant la lecture des œuvres de Carlos Castaneda, une mystérieuse exigence se glissa entre mon cerveau, mes yeux et cette œuvre. Je me rendis compte avec une énorme stupéfaction que jusque-là, je ne savais pas lire !

J'avalais, je ne lisais pas ! Le contenu restait bloqué au niveau de mon cerveau et de ma mémoire cérébrale. Je ne savais pas digérer en profondeur la quintessence, la substance vivante du texte.

Lire vraiment, lire pour m'enchanter, me changer, me faire naître, je le vivais pour la première fois. Et je compris que lire ainsi devait passer par mon cœur, par mon corps et par mes actes, des actes nouveaux, destinés à me transformer, à me libérer de tous mes blocages et souffrances, et de tout ce qui me maintenait dans une existence sans véritable envergure. J'expérimentais donc une nouvelle façon de lire, de lire jusqu'au fond de moi, de lire pour renaître.

Pour qu'une lecture soit vivante, il faut donc bien sûr que le livre ait du contenu, mais il faut aussi, de la part du lecteur, une forme de présence globale qui dépasse l'intellect et ouvre le champ de la conscience totale, le champ de l'exultation.

Un lexique est à votre disposition en fin d'ouvrage dans lequel vous pourrez trouver l'explication des mots un peu techniques qui s'y trouvent.

Partageant avec vous cette si belle phrase de don Juan, le maître de Carlos : « Il n'y a pas de plus belle tâche pour un être humain que de polir son âme », je ne vous dis donc pas « bonne lecture » mais « bon polissage » !

PAUL DEGRYSE

PROLOGUE

L'âme, le silence et le bonheur

– Finalement maître, qu'est-ce qu'une âme ?

– C'est ta véritable identité… et quand tu t'en rapproches c'est de la joie pure…

– Mais alors, si chacun a une âme, comment se fait-il qu'il y ait autant de gens qui souffrent, qui sont malades et misérables ?

– c'est parce qu'ils en ignorent l'existence. Ils ne sont pas intéressés par ce qu'ils sont vraiment, ils n'ont pas envie de chercher. On leur a dit ce qu'ils étaient : un corps et un cerveau, c'est tout. Ils le croient et perdent ainsi toute liberté car il n'y a aucune liberté sans conscience de l'âme.

L'âme est la conscience cachée de ta conscience… pourquoi cachée ? Parce que ta vie incarnée sur cette terre, dans la matière, a besoin de toute ton attention pour faire face au quotidien : le corps et ses nécessités, tes semblables et leurs nécessités, l'Univers matériel et ses nécessités. De ce fait, il ne te reste plus assez d'attention pour connaître ton âme et en vivre l'expérience et finalement, puisque c'est comme ça depuis ta naissance, tu n'y crois même pas, ce qui rend cette expérience encore plus improbable !

Et pourtant, ton âme est la fine fleur de ta vie individuelle, sa quintessence. Mais étant pure créativité, libre du temps linéaire qui gère ton quotidien, elle ne se laisse pas enfermer dans les cercles fermés de tous tes processus mémoriels, ceux qui constituent ta vie ordinaire, esprit et corps compris. Alors, puisqu'elle existe et doit donc avoir un sens, l'homme qui veut aller au-delà du monde quotidien doit faire quelque chose pour en avoir le cœur net, quelque chose de pas ordinaire, bien sûr, qui va amener son âme à se dévoiler à lui. Le chamanisme, entre autres choses, est cette démarche par laquelle l'homme peut retrouver son âme.

Tu sais, la seule chose nécessaire pour devenir un être profondément heureux c'est la curiosité, ne pas croire ce qu'on nous a dit qu'on était, ne pas avoir peur de chercher pour aller vers notre propre inconnu

– Comment ?

– Il y a beaucoup de méthodes, la plus radicale, tu ne le croiras pas, c'est tout simplement de se taire, cesser de penser et de parler, le silence de l'esprit… Quand tu apprends à te taire, une partie mystérieuse de ton être qu'on appelle l'âme, émerge en toi et, peu à peu, tu deviens heureux… c'est comme si elle était timide et avait attendu que ton esprit soit vidé de tes pensées, ses occupants habituels, pour s'approcher de toi… ça commence par un sentiment de tranquillité plus grande que d'habitude, puis ce sentiment s'approfondit et devient une force calme et paisible accompagnée d'une grande clarté d'esprit. Puis vient ensuite un surplus d'énergie dans le corps, la santé revient, tu as plus confiance en toi, tu es de plus en plus souvent joyeux mais discrètement, et tu deviens aussi plus audacieux et plus créatif car ton âme est la porte vers toute la créativité de l'Univers… Voilà… ! Le bonheur est là…

– Maître, est-ce que…

– Chut… tais-toi… ! Regarde bien ces nuages qui passent… ! N'attends pas ! Commence dès maintenant ton chemin vers le bonheur…

INTRODUCTION

Fondé sur un concept amplement holistique et spirituel du bonheur et de la santé, l'art de vivre des chamanes toltèques propose une façon d'être qui peut nous guérir de l'ignorance de nous-mêmes, source de toutes nos souffrances, physiques ou émotionnelles, de toutes nos frustrations, de toutes nos déceptions en nous apportant le pouvoir intérieur.

L'autoguérison du corps et de l'esprit est en effet un concept qui déborde largement le seul registre de la santé. Car tous les secteurs de notre vie sont concernés par la connaissance inestimable que nous ont laissée les anciens et les nouveaux voyants toltèques: notre épanouissement individuel et social, notre vie amoureuse, notre santé et notre besoin de trouver à l'existence un sens qui dépasse le quotidien.

Le corps, l'esprit et l'âme sont concernés par cet art de vivre, le rapprochement des trois entraînant la connaissance silencieuse, un autre terme qu'emploient les chamanes pour désigner ce pouvoir.

Enfants, petits-enfants et arrière-petits-enfants des trois règnes qui nous ont précédés: le règne animal, le règne végétal et le règne minéral, la guerre à l'ignorance est notre destin et selon la logique de don Juan, l'homme qui refuse de se connaître peut survivre sans être un guerrier de l'esprit, mais cela le privera cependant de merveilleuses découvertes.

Cet homme ne prend aucun risque majeur, mais son ignorance délibérée fait de lui une proie privilégiée de toutes les maladies imaginables et, entrant dans le cercle vicieux de la dépendance et de l'infantilisme socialitaire, il nourrira à son tour l'ignorance et la nature prédatrice de l'Univers.

«Tu dois vivre stratégiquement si tu veux dépasser la condition de l'homme ordinaire qui dort sa vie sans même savoir qu'il la rêve... éveille-toi et monte dans le donjon de ta condition humaine, d'où, un jour ou l'autre tu verras passer l'aigle et il te dira, sans le moindre mot, ce que tu dois faire... guéris ton corps, cela te mènera à ton âme, cherche ton âme et cela te mènera à la guérison de ton corps, comprends que tout processus de vie est circulaire et tu connaîtras la nature magique et divine de l'Univers... n'aie pas peur et cherche partout cet infime équilibre entre les deux folies de l'homme qui s'appelle "troisième point" et tu auras tous les pouvoirs» (paroles ultimes d'un maître sur le grand départ).

La pratique du chamanisme toltèque a donc une double vocation: être une démarche de développement personnel destinée à la recherche d'un plus grand bonheur par la maîtrise des pouvoirs de la conscience et être une démarche d'autoguérison par l'utilisation de ces pouvoirs au service de la santé.

Mais en réalité, les deux démarches n'en font qu'une.

Pour s'autoguérir par la pratique du chamanisme toltèque, c'est précisément par une démarche de développement personnel, certes un peu particulière, que le candidat à l'autoguérison passera et c'est même la condition incontournable pour y arriver car ce pouvoir est exactement le même que celui qui nous permet de nous réaliser pleinement en actualisant notre potentiel de bonheur et de réussite existentielle.

Le chamanisme a maintenant des bases métaphysiques jusque-là secrètes et dorénavant ouvertes à l'autre versant de la conscience humaine pour celui qui veut s'y aventurer. Et bien qu'il fasse parallèlement l'objet d'une vague de charlatanisme puéril, en particulier en occident, il a ses lettres de noblesse : la tradition toltèque, une démarche structurée de développement personnel d'une efficacité impressionnante, qui représente indubitablement une plateforme solide pour que cette confiance en soi, fondement de la plénitude de soi et d'une culture basée sur le responsabilisme et la maturation individuelle de tous les hommes qui la souhaitent, puisse émerger.

Pourquoi attendre d'être malade pour découvrir son pouvoir ? Pourquoi ne pas travailler sur soi, pourquoi ne pas entrer dans les profondeurs de notre propre mystère alors que nous bénéficions d'une santé normale afin de devenir celui qui nous attend derrière l'apparence du quotidien ?

Ce sera l'objet de ce livre de proposer une démarche qui répondra au double objectif de la plénitude de soi et de l'autoguérison.

Première partie

LE CHEMIN DE L'ÂME

CHAPITRE PREMIER

Retrouver notre pouvoir perdu

L'homme, comme tous les êtres vivants, est une créature hybride, il n'est pas fait que d'un seul constituant, c'est un mélange de matière et d'esprit.

La matière et l'esprit sont bien les deux choses les plus différentes que l'on puisse imaginer : la matière est mesurable, elle est lourde, perceptible par les cinq sens, elle est locale, il faut de l'énergie pour la déplacer, elle occupe l'espace, en un mot elle est concrète.

L'esprit est tout l'inverse.

Par « esprit » avec un petit « e », entendons-nous pour désigner dans ce livre, tout ce qui, d'une part, a trait au mental : la réflexion, les pensées, les images mentales, les raisonnements, tout ce que la mémoire nous représente à l'esprit pour nourrir tous nos processus mentaux de survie instinctive ou réfléchis, et tout ce qui, d'autre part, a trait aux sentiments et aux émotions. Enfin l'esprit représente aussi pour nous la simple conscience d'exister.

L'esprit n'est pas localisable, il n'est pas mesurable, il est imperceptible sensoriellement, on ne peut peser une pensée, un raisonnement, une décision, un sentiment, ni les mesurer, l'esprit est une chose abstraite. C'est la présence intérieure des êtres.

Selon les chamanes toltèques, l'Univers tout entier est aussi un être hybride. Dans la mesure où, si élémentaire ou évolué que soit l'être auquel nous pouvons penser: un caillou, un arbre, une mouche, un éléphant ou un être humain, il y a toujours un peu d'esprit dans la matière, ce que nous pouvons aussi désigner par le terme général de «conscience» ou de présence.

Notre corps étant fait de matière, vivante certes, il fait donc partie du monde matériel en même temps que, guidé par notre conscience, il participe du monde de l'esprit en s'associant à lui pour survivre.

L'esprit dans la matière, qu'il s'agisse d'une pierre ou d'un homme, est en fait une force invisible et abstraite qui lui fournit deux choses: d'une part, le mouvement et le changement et ensuite l'organisation intérieure qui détermine sa nature propre, ce qu'il est spécifiquement. Même une pierre évolue. Cependant, la dégradation qui en découle étant beaucoup plus longue que celle qui découle de l'évolution d'un être organique, nous ne le percevons pas.

Mais il existe une autre dimension de l'esprit que nous n'avons pas encore mentionné plus haut, dans la définition de celui-ci: c'est l'éveil à soi-même de l'être, c'est-à-dire l'esprit qui prend conscience de lui-même, comme esprit d'abord et comme esprit associé à un corps ensuite.

On ne suppose l'existence de cette dimension de la conscience que chez l'être humain, pensant qu'elle est le fruit d'une très longue évolution de l'esprit dans la matière à travers les quatre règnes mais l'on n'a aucune certitude à ce sujet, ce n'est qu'une forte probabilité.

C'est certainement de cette même évolution de la conscience de soi de plus en plus aiguë qu'est née chez l'homme une forme de pensée ardente et puissante qui s'exprimera dans le premier cerveau spirituel d'une époque reculée, par les questions suivantes: «Qu'est-ce que tout cela? d'où cela vient-il? Et pourquoi tout cela existe-t-il?»

Alors de ces premiers hommes se détachèrent les plus curieux d'entre eux, les premiers chamanes, chez qui l'esprit et le corps communiquaient d'une façon exceptionnellement propice à un grand bond d'évolution et qui, au cours d'expériences de conscience très audacieuses, trouvèrent des réponses très pragmatiques et très opérationnelles à ces trois questions.

En fait sans être définitives, ces réponses augmentaient simplement le pouvoir de la conscience des chamanes, ce qui leur procurait des capacités d'action et des connaissances faisant naturellement d'eux des leaders spirituels.

Cependant, la liberté d'esprit la plus totale et inconditionnelle était la condition incontournable de ces découvertes et elle devenait incompatible avec l'émergence d'une socialité qui, parallèlement, poussait les hommes à se regrouper en organisations de plus en plus nombreuses, et, à cette fin, nécessitait un formatage de plus en plus grand des consciences individuelles.

Le chamanisme, en tant qu'aventure spirituelle et en tant que recherche pure, disparut de la scène des sociétés humaines, du moins dans le cadre du monde dit « civilisé », pour se réfugier dans des petits clans secrets où l'expérimentation spirituelle put se poursuivre pendant que l'organisation socialitaire tolérait quelques chamanes publics qui s'adonnaient à une forme dévoyée et manipulatrice du chamanisme qu'elle ne dérangeait pas.

Cependant l'interrogation métaphysique initiale subsistant dans le cadre de ces sociétés naissantes, mais détournée par celles-ci d'une recherche spontanée et libre qui aurait contrarié leur élan socialitaire, elle fut orientée vers des constructions mentales qui permettaient d'y répondre sans compromettre cet élan. Ainsi naquirent les religions.

Par paresse mentale et par immaturité foncière, l'homme a donc imaginé un être d'une puissance ambiguë et sans limites auquel il attribue la création, la responsabilité et la gestion de l'Univers tout entier et l'appelle Dieu.

Certains aiment qu'il y en ait plusieurs qui se partageraient donc ce pouvoir, d'autres insistent pour qu'il soit seul, d'autres encore précisent qu'il est seul mais comportant tellement de facettes variées et de qualités diverses, ils lui attribuent plusieurs visages.

Dieu est responsable de tout puisqu'il a tout créé…

C'est tellement facile et reposant…

Si l'on obéit à ses lois, il va nous récompenser et, après la mort, une partie essentielle de l'homme survivra...

C'est tellement rassurant...

Dieu punira les mauvais et récompensera les bons...

C'est tellement moral...

Dieu peut se mettre en colère et gronder celui qui pèche...

C'est tellement familial...

Dieu a créé les montagnes pour que l'homme en tire de quoi s'abriter, les arbres pour que l'homme se nourrisse de fruits et les animaux pour traîner sa charrue et garder sa maison...

C'est tellement gentil de sa part...

Dieu sait pourquoi l'Univers existe et il connaît le sens de l'existence humaine...

C'est tellement apaisant pour les paresseux qui ne veulent pas chercher eux-mêmes...

L'homme peut ainsi confortablement, et selon son tempérament, projeter sa gratitude de vivre sur un être plus ou moins calqué sur lui (mais infiniment plus beau, plus fort et plus intelligent, bien sûr !) Il peut s'en remettre à lui pour lui apporter ce qu'il n'a pas (s'il prie intensément), il peut se plaindre à lui quand il ne l'obtient pas, et l'homme peut aussi, le soir, dans le secret de sa chambre, se montrer humble pour compenser l'arrogance qu'il a montrée toute la journée, c'est beaucoup plus facile à faire avec son imaginaire que dans la réalité face à ses semblables...

Dieu est la personnification pratique de tout le mystère incompréhensible d'exister. Il est la réponse facile et gratuite à l'ignorance humaine et efface toute la honte de ne pas savoir et de ne pas chercher à savoir. En un mot, Dieu pourrait s'appeler : « Je ne sais pas, je ne vois pas, je ne peux pas, mais je sais que tu sais tout, que tu peux tout et que tu fais tout cela pour moi. »

Bien sûr, tout cela a un prix : l'infantilisme récurrent de l'humanité dans son ensemble.

C'est alors que débarquent les athées et les matérialistes de tout poil qui se lèvent et proclament avec une grande assurance : « Il n'y a pas de dieu. Il n'y a que de la matière, des mesures, des chiffres. Tout peut être résolu et compris par des formules, E = MC2… Il n'y a pas de mystère, ça se saurait *(sic)*, le monde s'explique clairement par les mathématiques, tout est chimique ou électrique, tout a une cause et un effet et à l'origine de tout il y a une grosse explosion, il y a 14 milliards d'années, le big bang. »

Sur ce, je leur réponds : « Et avant cette grosse explosion, il n'y avait donc rien ? – Non, puisque c'est le début de l'Univers… »

« Comment les mathématiques expliquent-elles que quelque chose puisse venir de rien ? » – pas de réponse, le dogme de la causalité ne fonctionne donc plus…

Puisque à toute chose il faut une cause (pourquoi Dieu n'en aurait-il pas ?), nous voilà donc contraints d'imaginer l'éternité ! Mais les théistes, ne pouvant imaginer une cause à Dieu, devraient donc logiquement s'adresser à lui en ces termes : « Dieu, fils du néant… »

Renvoyons dos à dos ces deux sectes et leurs dogmes, les religieux et les matérialistes, et voyons un peu comment se présente le monde dans sa réalité toute simple, en adoptant, autant que nous en soyons capables, le regard frais d'un enfant curieux, essayant d'oublier tout ce que les mythes religieux et les illusions scientistes ont déposé dans notre esprit trop docile jusque-là.

Laissons notre intuition, guidée par le bon sens, nous emmener vers une troisième voie que nous pourrions qualifier de « réalisme spirituel » pour laisser renaître en nous la conscience du pouvoir qui y sommeille depuis si longtemps et être enfin ce que nous sommes nés pour devenir, des magiciens de la conscience.

CHAPITRE II

La bonne nouvelle

Avoir un cadre structurel reliant l'Univers à l'homme

Quand nous cherchons à progresser, pour trouver un sens à notre vie, pour améliorer notre bien-être, pour retrouver la santé de façon naturelle, ou encore pour acquérir une meilleure compréhension de l'Univers, considérant celle-ci comme une source de plaisir en soi, il est bon d'avoir un cadre de référence initial, un point de départ à partir duquel, allant du plus général au particulier, de l'Univers tout entier à notre personne si petite dans cette immensité, nous trouverons des pistes et des solutions simples pour atteindre ces objectifs.

Le chamanisme toltèque, qui fonde très clairement l'épanouissement de l'être humain sur un principe d'harmonie entre l'Univers considéré dans sa totalité et le fonctionnement de l'homme, nous propose un cadre, certes surprenant au début, mais qui en cinq points d'appui, peut nous permettre, non seulement de réaliser ces objectifs mais, bien au-delà, de réaliser nos rêves les plus fous.

Ces cinq points sont : une dynamique énergétique universelle de forme circulaire et quatre axes énergétiques dualistes.

LE SERPENT COSMIQUE AUTODÉVORANT ET AUTOCRÉATEUR

Dans ce livre, nous allons souvent faire appel au concept d'énergie et pour une meilleure communication avec le lecteur, je trouve prudent, dès maintenant de clarifier quelle réalité les chamanes toltèques mettent derrière ce mot.

La façon la plus simple de le définir serait de dire que l'énergie est la cause motrice de tout ce qui est en mouvement et de tout ce qui change. En fait, comme tout, à un moment donné ou à un autre, se met en mouvement ou change, l'énergie est partout. Mais elle se manifeste à nous sous de multiples formes.

Nous connaissons les énergies purement physiques et mécaniques : la force gravitationnelle, l'électricité, la chaleur, les chocs, l'énergie nucléaire, la lumière, l'énergie cinétique, les transformations chimiques, la combustion de l'essence, du bois, l'énergie fournie par le sucre dans notre corps… etc. En fait tout ce qui se transforme ou se met en mouvement nécessite un travail qui lui-même nécessite de l'énergie.

Pensons aussi que les êtres vivants ont besoin d'énergie pour vivre, les plantes transforment la lumière du soleil en sucres et en protéines, les animaux et les hommes ont besoin de manger, de boire et de respirer pour que leur corps survive et renouvelle leurs cellules usées, pour bouger, se reproduire. Mais nous oublions souvent des choses plus subtiles telles que les pensées, les sentiments, les émotions, qui mettent les êtres vivants en mouvement et qui sont aussi des énergies.

En fait la physique de ces dernières décennies nous a montré, à partir de la fameuse formule d'Einstein que la matière elle-même peut être totalement convertie en pure énergie.

Ainsi, que l'on passe des idées et des désirs ou émotions d'un homme qui sont des mécanismes purement abstraits de la conscience à la pelle mécanique d'un puissant tracteur soulevant des tonnes de pierres ou au muscle d'un athlète qui a besoin d'absorber trois cents grammes de pâtes pour courir le décathlon ou encore de la vague dévastatrice d'un tsunami, choses très concrètes et très physiques, nous rencontrons le phénomène le plus omniprésent de l'Univers : l'énergie.

L'énergie n'est pas seulement la force motrice de toutes choses, elle est la cause de leurs transformations et aussi leur finalité car toute chose, tout être, est produit par de l'énergie, fonctionne avec de l'énergie et devient lui-même une source d'énergie pour une autre chose.

Ainsi l'Univers tout entier n'est qu'un immense fourmillement de processus énergétiques prenant des formes d'une infinie variété dans leur expression et leur complexité, toute chose étant, à un moment donné absorbée par une autre pour se transformer en celle-ci.

C'est pourquoi les chamanes disent que notre Univers est un gigantesque prédateur qui se nourrit de lui-même dans un processus circulaire de renouvellement créatif sans fin.

Ils ne sont pas les seuls à voir le monde ainsi. Ouroboros, le serpent qui se mord la queue des Grecs anciens est un symbole de ce concept que l'on retrouve dans d'autres civilisations, notamment chez les Aztèques, les Mayas, en Inde et au Tibet.

Cette vision du monde peut paraître difficile à comprendre, voire pour les cœurs sensibles, difficile à accepter au premier abord (Dieu, qui est tout amour, aurait-il fait une chose pareille ?). Mais pourtant il en est bien ainsi... Regardez donc autour de vous ! Chaque être vivant a besoin d'énergie et passe son temps à la prendre autour de lui, soit en chassant, en cueillant ou en pêchant, ou encore en cultivant, soit en travaillant pour avaler chaque jour des quantités de nourriture d'origine animale ou végétale, peu importe (les végétaux sont aussi des êtres vivants, n'en déplaise aux végétariens, tout aussi prédateurs en l'occurrence que les mangeurs de viande), sans lesquelles il ne pourrait survivre.

Ce petit oiseau qui chante si joliment dans la forêt, ce délicat papillon qui vole de-ci de-là, cet adorable écureuil qui saute légèrement de branche en branche sont tous de redoutables prédateurs pour les végétaux ou les petits insectes dont ils se nourrissent.

La recherche de pouvoir à laquelle se livrent tous les êtres humains sans exception, que ce soit dans le cadre historique et ouvertement violent des grandes conquêtes ou dans celui, plus feutré, de notre société économiste et de l'entreprise moderne ou encore dans le cadre apparemment plus affectif de la famille, n'est-il pas une forme de prédation subtile et psychologique ?

Par le salaire de survie alloué à l'homme au travail contre quarante ans d'une vie entière de labeur, par la pression affective du père qui projette ses propres rêves dans son fils, dans la rivalité qui règne sur le terrain de football entre joueurs d'une même équipe où semble régner la camaraderie la plus désintéressée, ou derrière le paravent des valeurs démocratiques sacrifiant des centaines de vies au nom de la « civilisation », chaque être vivant, chaque groupe organisé, chaque structure sociale ou politique cherche à dominer pour survivre en pressant et en absorbant l'énergie physique ou psychique des autres individus, des autres groupes, des autres espèces.

Même les galaxies se dévorent l'une l'autre, la plus grosse avalant tout simplement la plus petite. Chaque être ayant besoin d'énergie, doit la prendre quelque part et selon le niveau de prédation correspondant lui-même au type d'énergie qu'il lui faut, il la prendra dans l'un ou l'autre des quatre règnes, minéral, végétal, animal ou humain, chacun étant d'ailleurs tour à tour prédateur et proie.

Porté par un niveau de conscience nettement supérieur à celui des êtres des trois autres règnes, l'être humain a même inventé un type de prédation d'une très grande subtilité, le plus dangereux de tous mais aussi le plus puissant : celui de l'attention de ses semblables.

Les prédateurs dominants de la planète ont en effet découvert qu'en répétant inlassablement sur de multiples canaux de communication un certain nombre d'idées associées à des émotions ou les suscitant, ils pouvaient manipuler la conscience de quasiment la totalité d'un pays, créant ainsi un nouveau mode de prédation beaucoup plus subtil que l'absorption purement physique car il permet de s'approprier l'énergie psychique des êtres vivants de façon plus contrôlée et plus durable *: leur attention.*

Celle-ci étant le nectar de la conscience humaine, d'un pouvoir nutritif infiniment plus rentable que toutes les sources caloriques existantes, ces prédateurs ont donc inventé la prédation psychique, la plus féroce de toutes.

Bien, mais comment peut-on dire que l'Univers se nourrit de lui-même ? Tout simplement parce qu'à part lui, il n'y a rien ! Tout étant inclus dans l'Univers, aucune proie extérieure n'est à sa disposition puisque prédateurs et proies sont en lui-même. Imaginez une chaîne de prédation commençant par un microbe minuscule avalé par un microbe un peu plus gros et ainsi de suite à travers les quatre règnes ! Vient un moment où la chaîne se referme sur elle-même… !

Prenons un exemple : imaginez un homme vivant à l'état sauvage dans la nature, il chasse un animal ayant lui-même mangé des fruits d'un arbre voisin, pour s'en nourrir. Les fruits sont devenus la chair de l'animal puis quelque temps après la chair de l'animal est devenue celle de l'homme. Cet homme meurt au pied de l'arbre et son corps se décompose, s'enfonce dans la terre pour la fertiliser et l'arbre à son tour va absorber toutes sortes de nutriments provenant de ce même corps humain… L'homme devient arbre après que celui-ci, par ses fruits, est devenu homme par l'intermédiaire de l'animal, la boucle est bouclée.

Les quatre règnes, minéral (la terre), végétal (le fruit et l'arbre), animal et humain ont participé à cette transmutation d'énergie circulaire, car il s'agit bel et bien et uniquement de cela : l'Univers est un immense réseau énergétique qui se nourrit éternellement de ses propres créations pour renaître éternellement à lui-même sous des formes elles-mêmes en mutation progressive et permanente.

Mais réfléchissons bien : l'énergie n'est même pas la matière qui se transforme en autre chose. Elle n'est pas non plus dans la matière elle-même *mais elle est le processus même de transformation, les choses transformées n'étant que la forme extérieure que prend ce processus. Et puisque ce processus n'a pas de fin, l'énergie est à la fois la cause et la finalité de cet enchaînement sans fin de transformations. Fermé sur lui-même comme Ouroboros, l'Univers est à lui-même sa propre cause et sa propre finalité.*

Ainsi, cher lecteur, de vos sentiments les plus nobles à vos ongles de pieds, vous n'êtes qu'énergie. Des combinaisons infiniment complexes d'énergie qui, du niveau le plus subtil au niveau le plus terre à terre de votre être, s'engendrent, se fondent et se transmutent l'une dans l'autre de telle manière que l'énergie du cœur qui guide votre volonté et vos plus beaux sentiments dépend, entre autres choses, de l'énergie que vous absorbez en mangeant un poireau. Toutes les énergies de votre personne fonctionnent ensemble, et de plus, elles sont reliées à l'énergie infiniment lointaine des premiers êtres minéraux de l'Univers dont vous descendez. Si la joie, la santé, l'amour, la sérénité, l'argent, le succès vous manquent, c'est toujours une affaire d'énergie !

Première bonne nouvelle de ce chapitre (pas très rassurant pour le moment) : cet Univers, cause et finalité de lui-même, est donc entièrement gratuit, *il n'a pas d'autre raison d'être que d'être et d'être ce qu'il est.* Il existe pour exister, comme vous-même, cher lecteur, et surtout, conséquence de cette gratuité, il n'y a rien à donner pour le vivre pleinement.

C'est un pur, énorme et inimaginable cadeau !

Aussi est-il vivement conseillé de s'éveiller à cette réalité, c'est-à-dire de se dégager de cette sorte de torpeur dans laquelle semble flotter la quasi-totalité des êtres humains saisis d'une *hypnose obsessionnelle de la nécessité d'être, de faire ou d'avoir.*

Tout but, tout projet qui fait l'objet d'une tension excessive de la conscience, nous éloigne du bonheur irremplaçable de sentir que l'Univers, donc notre existence, sont gratuits et n'ont donc pas à être payés.

LES QUATRE DUALITÉS DYNAMIQUES QUI RÉGULENT L'UNIVERS

Mais d'où vient cette torpeur, cette absorption dans l'ordinarité du quotidien ? Cette soumission au principe de prédation ? Elle vient de l'action conjuguée de quatre mécanismes de l'Univers de nature bipolaire avec celle du processus d'autoprédation que nous venons d'expliquer, l'ensemble programmant l'organisation de l'Univers tout entier, contraignant, en quelque sorte, chaque être particulier de celui-ci à fonctionner selon sa loi (voir fig. n° 1).

Un processus bipolaire est l'association de deux forces dont chacune agit de façon à la fois antagoniste et complémentaire de celle de l'autre.

L'électricité, par exemple, est un processus énergétique bipolaire. Pour que le courant électrique passe il faut un pôle plus et un pôle moins, mais nous allons découvrir bientôt que l'électricité est loin d'être le seul processus énergétique bipolaire dans l'Univers.

Précisons que le mot « antagoniste/complémentaire » n'est pas à prendre ici dans le sens d'une force agressive qui s'opposerait à l'autre force pour l'anéantir, mais dans le sens d'une énergie de nature opposée à l'autre force, certes, mais qui, simultanément, lui serait irremplaçablement complémentaire, comme la nuit est l'opposée du jour tout en le complétant parfaitement, comme le froid n'existe que relativement au chaud, comme le grand n'existe que parce qu'existe le petit, comme ce qui est fermé n'existe que par opposition à ce qui est ouvert, etc., etc. C'est pourquoi ce système de forces opposées et complémentaires, que l'on retrouve partout dans l'Univers, à tous les niveaux de l'évolution, est aussi appelé « dualité dynamique ».

Pour mieux comprendre le fonctionnement de la dualité dynamique, imaginez une balançoire à bascule pour enfants, dans un parc de loisirs. Deux enfants montent sur cette balançoire, l'un à une extrémité et l'autre à l'autre extrémité. Le premier donne une impulsion à la balançoire, il descend pendant que son petit copain monte, puis celui-ci fait redescendre son côté pendant que l'autre enfant monte et ainsi de suite. Pour que l'un des côtés de la balançoire aille vers le haut, l'autre côté doit aller vers le bas, chaque extrémité a une action opposée à l'autre extrémité et cependant elles ne peuvent fonctionner qu'ensemble avec des actions simultanément opposées l'une de l'autre, par nécessité.

Fig. 1. Le « gouvernail immanent de l'Univers »

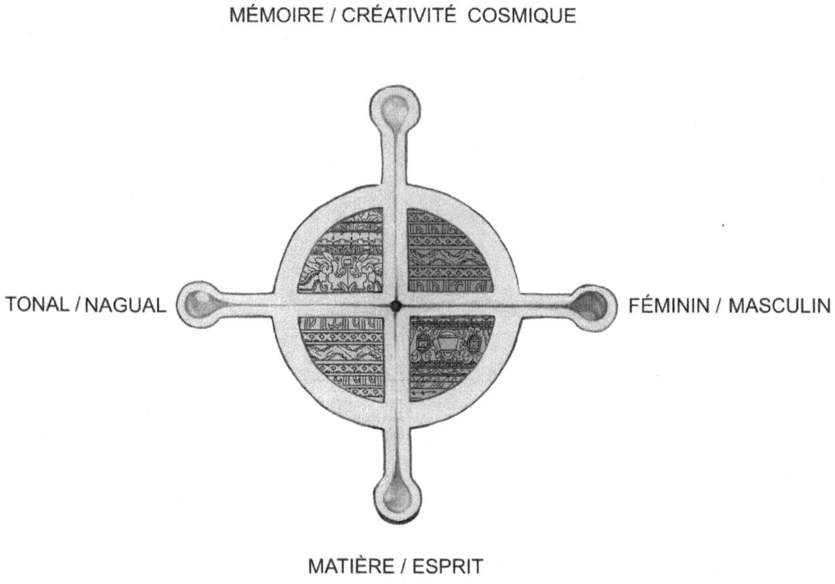

C'est un système d'opposés-complémentaires et un exemple simple de la dualité dynamique.

Un autre exemple simple de dualité dynamique dans le domaine quotidien est celui du pédalier de vélo : quand vous appuyez avec le pied gauche sur la pédale pour avancer vous devez relâcher votre pression sur la pédale droite et détendre votre jambe, sinon le vélo n'avancera pas. Les deux pieds travaillent de façon complémentaire au même objectif tout en faisant respectivement l'inverse l'un de l'autre.

Sur un autre plan, celui de nos valeurs éthiques, si choquant que cela puisse vous paraître, le bien est l'opposé/complémentaire du mal, chacun des deux n'existant que si l'autre existe et, plus étonnant encore, chacun engendrant l'autre. Un simple exemple illustre cette évidence : plus il y a de gens malades, plus les laboratoires pharmaceutiques sont riches et plus ils sont riches plus ils peuvent donner du travail à d'autres gens, finalement heureux de ces maladies qui, pour eux, sont une providence !

PREMIER PRINCIPE ÉNERGÉTIQUE DE L'UNIVERS : LA DUALITÉ MÉMOIRE/CRÉATIVITÉ

Le premier mécanisme de nature bipolaire et premier principe énergétique de l'Univers est le couple « force de permanence/force de changement ».

La force de permanence est *la mémoire*.

Son rôle est la conservation de l'information et de l'organisation de tout ce qui existe dans l'Univers, du plus simple atome d'hydrogène aux immenses galaxies en passant par tous les êtres vivants qui les peuplent. On peut dire que cette force rythme le temps de toutes choses par la répétition de ces informations afin de leur accorder la durée, c'est pourquoi les chamanes toltèques l'appellent ainsi.

Son opposée-complémentaire est *la force de changement*, Son rôle est la rupture, la transformation des choses, leur évolution. Les chamanes toltèques l'appellent aussi la « force de créativité cosmique » parce qu'en introduisant le changement dans l'existence des êtres, elle permet la manifestation de la créativité, du potentiel de renouvellement et d'imprévisibilité de l'Univers.

Ainsi, ces deux forces ont des rôles totalement opposés et cependant elles s'associent et s'entrelacent, agissant par alternance ou simultanément pour faire exister le monde qui nous apparaît ainsi à la fois doté d'une certaine permanence résistant donc au changement et d'une certaine impermanence-créativité défiant sa stabilité.

Il est clair que, déjà à ce stade initial,
le fonctionnement de l'Univers est paradoxal.

Nous sommes directement concernés dans notre vie quotidienne par ce paradoxe que nous vivons parfois difficilement.

Mais accrochez-vous bien, cher lecteur, je sais que toutes ces choses vous paraissent terriblement abstraites tant nous avons l'habitude, dans notre société moderne, d'assimiler tout ce qui est important dans notre existence à des formes d'énergie très matérielles telles que l'électricité, l'électronique, l'énergie nucléaire, la chimie, la physique, etc. Cela nous incite à accorder aux objets palpables une importance majeure dont dépendrait entièrement notre bonheur.

En fait, comme vous allez le découvrir au fur et à mesure de votre lecture, votre bonheur est exclusivement lié à des choses totalement impalpables et en tout premier lieu à la façon dont vous utilisez votre conscience, la chose la plus importante de l'Univers bien qu'elle soit d'une totale abstraction. En réalité, le déroulement de votre existence dépend de ces forces apparemment très abstraites et qui interviennent en fait dans le moindre de vos souffles et le moindre de vos actes.

LE SECOND PRINCIPE ÉNERGÉTIQUE DE L'UNIVERS : LE COUPLE MATIÈRE/ESPRIT

Nous n'en avons pas fini avec le fonctionnement bipolaire de l'Univers car une seconde dualité toute aussi colossale que la première structure aussi l'Univers : celle de « la matière et de l'esprit ».

Est-il besoin de la définir ?

Chacun de nous sait et sent bien qu'il possède à la fois un corps fait de matière et un esprit non matériel. En principe, l'esprit commande le corps, chacun de nous connaissant bien le rôle décisif de l'intelligence et de la volonté dans le processus de survie de l'être vivant.

Mais cela ne veut pas dire pour autant que le corps n'est qu'une machine que son propriétaire peut diriger comme on dirige une voiture, même si la philosophie dominante et, en particulier, la médecine moderne, nous en donnent cette image et même si beaucoup de religions considèrent le corps comme inférieur à l'esprit.

Le corps n'est d'ailleurs pas considéré dans toutes les voies spirituelles comme de la simple matière. Le chamanisme toltèque et peut-être d'autres métaphysiques marginales le considèrent comme une pure création de l'Esprit, le grand Esprit, c'est-à-dire la force créatrice de l'Univers, une force mystérieuse omnipotente qui, d'ailleurs aurait laissé au cœur de chacun des êtres créés par elle, une parcelle, une graine de son pouvoir, mais nous verrons ce sujet dans les pages suivantes.

Dans ce sens, pour les chamanes, le corps est aussi important que l'esprit car cette graine de pouvoir lui donnerait le pouvoir de réversibilité : sous certaines conditions, dont nous parlerons plus tard, le corps serait capable de revenir à sa nature purement spirituelle et toute-puissante, de se transformer en pure conscience-lumière, ce qu'il était à l'origine.

En fait, ce sont deux états différents de l'énergie universelle ou même deux points de vue, l'un, celui de notre appartenance au monde matériel par le corps, objectif, local et pondérable, l'autre, celui de notre appartenance au monde de l'esprit par la conscience, subjectif, non-local et impondérable, deux dimensions qui, à l'origine, n'auraient pas été séparées et qui le furent sur l'initiative du Pouvoir suprême pour manifester concrètement l'Univers, le mettre en mouvement et le faire évoluer.

Le Un, l'état d'origine, étant statique, sans espace et sans temps, la séparation par le Deux, déclenchait ainsi la grande fête gratuite de l'Univers grâce à l'énergie mise en jeu par l'apparition de cette dualité dynamique.

David Bohm, un physicien quantique spiritualiste dit: «La matière est de la lumière congelée.» Les chamanes toltèques vont encore plus loin et disent: «La matière est de l'esprit infiniment condensé.»

C'est la force de permanence, c'est-à-dire la mémoire de l'Univers, qui se manifeste dans la matière pour lui donner cette rémanence insistante, cette durée et cette pesanteur pour qu'elle réponde à la fonction sensorielle de notre conscience spécialisée dans la perception de tout ce qui est matériel.

Ainsi, il y a cohérence et complémentarité entre ce monde matériel objectif et la dimension subjective de la conscience des êtres vivants qui s'accorde avec celui-ci.

On peut dire que l'esprit de chaque être vivant, littéralement submergé de besoins et d'activités matérielles, est obnubilé et totalement hypnotisé par la nature matérielle de son environnement et par son propre corps au point qu'il oublie totalement qu'il fait lui-même partie de l'esprit créateur qui a fait tout cela et que tout étant d'origine purement spirituelle et abstraite il possède au cœur de son être une graine potentiellement opérationnelle de ce pouvoir.

Pour le moment, l'homme ordinaire a un rapport très difficile avec son corps. D'abord, il le traite très mal et en souffre beaucoup. Ayant totalement oublié qu'il en est le créateur, il n'a aucun pouvoir sur lui et quand, l'ayant traité ainsi, il s'affaiblit, devient malade, gavé de médicaments inutiles et toxiques ou torturé par des interventions chirurgicales dangereuses et irresponsables, il se sent misérable et trouve la vie absurde.

LE TROISIÈME PRINCIPE ÉNERGÉTIQUE DE L'UNIVERS : LE COUPLE TONAL/NAGUAL

Mais un autre couple de forces régule l'Univers et tous les êtres dotés de conscience. Il s'agit de la dualité du connu et de l'inconnu qui constituent ensemble, avec l'âme que nous traiterons à part, la totalité du potentiel de la conscience humaine. Les chamanes toltèques appellent ces deux forces le « tonal » (connu) et le « nagual » (l'inconnu). *Ce sont des forces mais aussi des espaces de conscience.* Voyons en quoi ils consistent.

Le tonal contient tout ce que l'homme peut identifier, nommer, tout ce dont il connaît le sens et qui lui est familier, incluant son corps, ses pensées, ses expériences, ses réactions émotionnelles, ses croyances et convictions, ses valeurs, ses comportements habituels, *tout ce qu'il connaît de son environnement quotidien, de la vie, de l'Univers et de lui-même.*

C'est sa vie quotidienne au sens large du mot, une somme totale de connaissances à la fois théorique, culturelle, pratique et expérientielle. Ce tonal est en partie individuel et en partie collectif dans la mesure où il en partage certains contenus avec d'autres êtres humains : façons de penser, langages et autres codes de communication, convictions, coutumes, façons de réagir et de vivre de son époque et de sa culture, etc.

Le nagual est l'opposé du tonal, c'est l'inconnu de l'homme et de chaque individu.

Tout ce que l'homme ne peut pas identifier, nommer, tout ce qu'il ne comprend pas, ne peut pas s'expliquer, en termes de connaissances et d'énergies à la fois, appartient à son nagual, le mystère.

Ce nagual va du plus limitrophe de son tonal, un ensemble de choses qu'il pourrait connaître de façon très simple, en voyageant, en apprenant, en expérimentant de nouveaux comportements, en faisant de nouvelles expériences, jusqu'au plus profond de l'infini de l'Univers, incluant la compréhension et l'expérience des plus grands mystères, et des pouvoirs d'agir que pourrait lui apporter cette compréhension au-delà des capacités limitées de son tonal.

Il est essentiel, pour bien saisir ce qu'est le nagual, de comprendre que la totalité de ce potentiel y est déjà, hors du temps ordinaire. L'inconnu n'est pas, pour chaque individu, dans le futur, même si celui-ci y accède selon le déroulement linéaire du temps, chaque découverte donnant l'apparence de se faire l'une après l'autre parce que notre vie prend cette forme séquentielle.

Toute la connaissance de l'Univers, théorique et expérimentale est en fait déjà dans le nagual, cette partie non explorée de la conscience de chaque individu. Cette connaissance représente la partie cachée de l'homme, son propre inconnu.

Il s'agit de quelque chose d'une totale ambiguïté car, sans exception, chaque être humain rêvant d'un plus grand bonheur, il y a en lui un désir de le trouver quelque part, et si ce bonheur n'est pas encore dans l'instant qu'il est en train de vivre, c'est nécessairement qu'il est dans le futur et dans l'inconnu. Le problème c'est que, très attaché par la mémoire à son tonal, si insatisfaisant soit-il, la familiarité de celui-ci le rassure et il redoute tout autant la dimension aventureuse du saut dans l'inconnu nécessaire pour découvrir ce bonheur qu'il déplore son insatisfaction présente.

Le tonal et l'ego

Le tonal produit chez l'être humain un sentiment d'individualité, c'est-à-dire d'être un être singulier doté d'une identité particulière et distincte du reste de l'Univers, et bien qu'il se sente partager une partie de son tonal avec d'autres êtres humains (son tonal collectif), il se sent conscient d'avoir une conscience spécifique et c'est cette conscience de soi qui produit ce que l'on appelle en psychologie l'ego.

L'ego se met à penser à lui-même, devient le centre d'intérêt de la conscience du sujet et se ferme plus ou moins au reste de l'Univers, entre autres, à son nagual. L'attachement à ce reflet de soi finit par rendre toute évolution difficile pour l'individu non seulement à cause de la peur de l'inconnu, comme nous venons de le voir, mais aussi par attachement à ce reflet de soi confondu avec le vrai soi car évoluer c'est le plus souvent quitter ce que l'on était, ce que l'on pensait, les façons que l'on avait d'agir pour aller vers d'autres façons d'être, de penser et d'agir.

C'est ainsi que les deux pôles tonal et nagual, bien que totalement complémentaires entretiennent une relation de nature simultanément antagoniste. Le tonal de chaque individu, on l'a bien compris, étant poussé à la stagnation par la force de permanence et son nagual l'attirant de l'autre côté vers le changement.

Il n'est pas possible à l'homme de résister à cette immense énergie et de rester enfermé dans le cocon de son tonal et chaque être humain, ainsi poussé à la fois à durer tel qu'il est et à évoluer plus ou moins délibérément, cherche en permanence son équilibre dans un état tensionnel de semi-fermeture et de semi-ouverture qui constitue le cours de sa vie.

La dualité tonal/nagual occasionne le stress le plus fondamental et le plus inévitable de l'existence humaine jusqu'à ce que nous en comprenions le mécanisme et que nous décidions de la manipuler au lieu d'être manipulé par elle.

QUATRIÈME PRINCIPE ÉNERGÉTIQUE DE L'UNIVERS : LE COUPLE FÉMININ/MASCULIN

Enfin une dernière dualité structure le mouvement et l'évolution de l'Univers, le couple de forces masculine et féminine.

Élargissant notre point de vue, considérons-le d'abord, comme c'est le cas dans la vision taoïste du monde, en tant que manifestation dans le monde vivant et organique des dualités : émettre/recevoir, actif/passif, lumière/obscurité, plein/vide, expansion/concentration. Chacun des premiers pôles existe dans une relation à la fois contradictoire et complémentaire de chacun des seconds.

La polarité masculin/féminin absorbe une grande partie de l'énergie des êtres humains non seulement parce que l'humanité a apporté à la relation homme/femme une dimension sentimentale, familiale et sexuelle beaucoup plus sophistiquée que celle des animaux mais aussi, parce que, ce faisant, elle a considérablement accentué la différence et en même temps l'attraction énergétique entre l'homme et la femme, ce qui rend encore plus complexe la relation homme/femme, multiplie les possibilités de tensions émotionnelles et le nombre d'obstacles à dépasser pour arriver à l'harmonie entre les deux polarités du couple.

UNE VISION DUALISTE ET UNE LOGIQUE PARADOXALE DE L'UNIVERS

Cette vision dualiste de l'Univers avec ses multiples couples antagoniste/complémentaire suscite irrésistiblement une dimension paradoxale dans notre esprit. Un paradoxe est un phénomène dans lequel il semble y avoir une contradiction entre les deux parties qui le constituent bien qu'il soit présenté a priori comme cohérent. Une situation, un système vivant, une organisation, une idée peuvent ainsi être perçus comme paradoxaux. En occident, Il existe une logique de la cohérence qui s'impose à l'esprit de l'homme et qui imprègne fortement ses jugements et qui est due à l'œuvre marquante d'un grand philosophe grec, Aristote, qui énonça un principe dit « du tiers exclu » censé permettre à ses contemporains de penser de façon plus logique, donc plus cohérente.

Ce principe du tiers exclu s'énonce en trois propositions :

– A est A ;
– A n'est pas non-A ;
– il n'y a pas de solution intermédiaire entre A et non-A.

Censé, du temps de son créateur, apporter un début de rigueur dans la façon de penser des hommes de son époque il a, effectivement, certainement participé aux balbutiements de l'évolution scientifique de la culture occidentale par l'émergence historique de la logique, mère des mathématiques et de toutes les sciences matérialistes.

Le revers de la médaille, c'est d'abord une absence de sens des nuances qui a conduit à une forme de pensée très « carrée » favorisant l'aspect théorique, abstrait et surtout généralisateur des choses et à une représentation purement virtuelle de la réalité, au détriment d'une observation « in vivo» des phénomènes de la nature qui, si l'on ne cherche pas à en faire des systèmes mais à les vivre tels qu'ils sont, sont toujours uniques et souvent incohérents entre eux.

Cette prédominance de la logique et du rationalisme a, par ailleurs, favorisé un intellectualisme échevelé et un éloignement de la nature dont le scientisme actuel est le plus pur produit.

Par manque total du sens des nuances, la pensée aristotélicienne exclut l'ambiguïté universelle de la réalité de la vie. Les choses sont en réalité beaucoup plus et révèlent des aspects beaucoup plus imprévisibles que ce que montrent leurs apparences extérieures auxquelles le scientisme se borne pour mathématiser et réduire la réalité à des chiffres et des formules.

La science de l'infiniment petit et de l'infiniment lointain nous en apporte chaque jour des preuves et les recherches de pointe de la physique quantique révèlent aussi des aspects totalement incompréhensibles de la matière et de l'énergie qui font totalement voler en éclats toutes les barrières de la logique aristotélicienne.

Associée au monothéisme, forme religieuse essentiellement rationalisante, cette logique a très vite, dans les premiers siècles du christianisme, tourné le dos au mystère de l'énergie, principe foncièrement dualiste et paradoxal, favorisant l'Unité théorique du principe divin auquel le principe du tiers exclu n'est pas étranger et nous a fabriqué une représentation abstraite et théorique de la vie dont l'homme moderne commence à peine à se libérer.

Un monde réduit à l'Un serait un monde privé d'énergie, donc de vie, de mouvement et d'espace, un monde éternellement immobile, sans variété, uniforme et sans forme.

C'est bien d'ailleurs parce que toutes les religions et toutes les philosophies qui ont tenté depuis les origines de l'humanité d'apporter à l'homme des réponses sur le sens de l'existence se sont obstinées à présenter leur modèle sous une forme logique et cohérente non-dualiste donc en rejetant cette dimension paradoxale, qu'elles tombent toutes en désuétude ou finissent par devenir des pratiques ritualistes et mécaniques.

L'absence de progrès réel sur le plan spirituel, l'immaturité généralisée des êtres humains, l'extrémisme religieux, la destruction de sa propre planète par l'homme, montrent bien l'inefficacité de ces idéologies qui tournent le dos à la dualité dynamique c'est-à-dire à une vision énergétique du mystère suprême.

Le paradoxe est inhérent au fonctionnement des quatre principes énergétiques *et la dualité dynamique, qui est paradoxale, selon le principe d'Aristote, se révèle être tout simplement le fonctionnement même de l'énergie qui fait ainsi du paradoxe la logique du vivant, du réel et de l'évolutif.*

En fait, la vie est remplie de paradoxes vivants car la vie n'est qu'énergie et selon la logique à partir de laquelle on les considère, on les accepte ou non. Dans ce dernier cas, on se met en désaccord avec l'Univers entier, ce qui ne facilite pas la vie de celui qui se braque ainsi contre la nature !

Cependant, l'aspiration à l'Un est très forte chez l'être humain, il suffit de voir combien de centaines de millions d'individus adhèrent aveuglément au monothéisme simplement parce qu'il les formate à cette simplification idéaliste de l'Univers pour supporter les multiples incohérences, injustices et misères de la vie qu'il leur propose alors de résoudre purement intellectuellement en croyant que la seule perfection existante dans l'Univers se situe dans l'au-delà, dans l'unité de Dieu et dans sa transcendance

Or, dans la vision chamanique du monde, cette unité avec le principe créateur de l'Univers existe, le Un n'étant en fait pas du tout incompatible avec le deux de la dualité dynamique. L'esprit et le corps, comme toutes les polarités de l'énergie, n'étant que les deux faces d'une seule et même réalité totale, comme le « pile » et le « face » d'une même médaille.

On peut d'ailleurs regarder la dualité du corps et de l'esprit comme toutes les paires de polarités de l'Univers, de deux points de vue différents : avec la distance d'une observation de l'extérieur, celle du mental, pour constater que les deux pôles opposés participent ensemble à un seul et même phénomène qu'ils créent par leur rencontre et leur confrontation et, sans cette distance, parce que l'on participe activement au phénomène et que l'on est impliqué nécessairement soit dans l'un des deux pôles soit dans l'autre, soit dans la recherche d'équilibre qui permet de résoudre leur confrontation.

Le chamane entraîne sa conscience à savoir passer avec une grande souplesse d'un point de vue à l'autre, ce qui lui permet de profiter d'une grande sérénité émotionnelle parce qu'il ne se laisse plus prendre par le côté antagoniste des situations qu'il vit, étant capable de le voir instantanément sous son aspect complémentaire.

UN UNIVERS FONDAMENTALEMENT INCOHÉRENT ?

Ainsi l'Univers tout entier est un immense et grandiose réseau d'énergies enfermé dans un processus circulaire d'autoprédation et animé par quatre fonctions bipolaires dont nous pouvons constater le rôle structurant partout où nous pouvons porter nos sens.

Nous constatons et ressentons en effet le fonctionnement de cette quintuple structure dans notre corps, dans notre rapport physique au monde qui nous entoure, dans la moindre de nos pensées, dans l'émotion la plus fugitive, dans nos actes les plus anodins comme dans les plus décisifs.

De plus, la quintuple structure universelle est le cadre qui relie toutes choses des quatre règnes que nous connaissons sur terre, les règnes minéral, végétal, animal et humain, que nous regardions les choses en tant qu'observateur objectif ou que nous nous placions sur le plan du ressenti.

Finalement, tout cela nous fournit une description du fonctionnement de l'Univers et de nous-mêmes qui pourrait apaiser nos esprits avides de donner un sens à cette immensité mystérieuse. Mais force est de constater, qu'en contrepartie, la nature contradictoire des quatre dualités et la dimension implacable et autoprédatrice du serpent Ouroboros expliquent aussi l'éternel chaos de combats, de catastrophes, de destructions absurdes, d'obscurantisme, de cruautés et de souffrances humaines dans laquelle l'homme est plongé depuis la nuit des temps.

L'existence éternellement tensionnelle et contradictoire du genre humain, plongé dans un monde de perpétuel combat extérieur auquel s'ajoute, compte tenu de son ego, le combat intérieur, parfois plus compliqué encore, rend difficile l'acceptation de la nature complémentariste de l'énergie à cause de sa nature antagoniste qui semble dominer sur la première. Et c'est pourtant cette double nature qu'une observation personnelle, libre du dogme aristotélicien et de croyances religieuses, nous donne à constater dans le fonctionnement le plus élémentaire et fondamental de la vie: l'énergie.

De plus, bien que la conscience humaine soit le produit exclusif des combinaisons énergétiques infiniment variées auxquelles se livrent entre elles ces cinq structures, il demeure extrêmement difficile pour l'homme de distinguer de façon claire le bon du mauvais, le bien du mal, le juste de l'injuste, le vrai du faux et, par-dessus tout, de discerner le sens profond d'un tel Univers.

Un brouillard épais et obscur semble s'être glissé entre la conscience de l'homme et la source lointaine de toute existence, qui l'isole et l'égare dans sa recherche du sens.

En fait, ce n'est pas que le monde soit incohérent, c'est que, ignorant qui nous sommes et regardant donc le monde sous un angle faussé par cette ignorance, nous nous obstinons à lui appliquer une cohérence qui n'est pas la sienne, que nous fabriquons de toutes pièces dans notre imagination et à partir des dogmes de notre époque. Mais cette vision du monde ne correspond à aucune réalité. C'est un monde d'unité idéale qui n'existe que dans notre tête et ne trouve aucune application dans notre vécu quotidien.

C'est en fait nous qui ne sommes pas en cohérence avec lui. Le monde est cohérent et même juste mais il nous manque une faculté de recul qui nous permettrait de le savoir, non seulement pour le comprendre avec la tête mais pour l'accepter pleinement avec le cœur.

Entre « le monde est injuste » des faibles et des plaintifs et « la loi du plus fort » des moins scrupuleux et des plus féroces, entre ceux qui cherchent en vain toute leur vie un dieu de justice là-haut dans le ciel pour les protéger ici-bas et leur accorder le paradis au-delà de la mort, et ceux que le mot « âme » fait hurler de rire, qui se vouent exclusivement à la matière et meurent l'esprit plongé dans la même hébétude que les premiers, y a-t-il derrière l'apparence implacable de l'Univers, une voie d'espérance qui apporte à l'homme la clé de son mystère, l'accord total avec celui-ci, la liberté d'être ce qu'il désire être, et la jubilation durable à laquelle nous voulons croire que ce monde est voué ?

Oui, cette voie existe !

LE GOUVERNAIL IMMANENT DE L'UNIVERS (fig. n° 1)

Considérons l'Univers dans ce qu'il est : la totalité de tout ce qui existe.

Rien n'existe hors de l'Univers puisqu'il contient tout ce qui est. La quintuple force comprenant l'anneau et les quatre axes ne peut pas être dirigée du dehors puisqu'elle contient tout. C'est elle qui structure l'organisation de tout ce que cet Univers contient.

Autoprédatrice, cette quintuple force est aussi autocréatrice : elle est *le gouvernail immanent de l'Univers.* Elle est sa structure en même temps que sa matière et sa force organisatrice. Cet Univers meurt en permanence pour renaître éternellement à lui-même sous des formes toujours renouvelées, par sa propre énergie de transmutation (fig. n° 1).

La force créatrice de l'Univers est donc un principe *immanentiste*, c'est-à-dire qu'elle se trouve à l'intérieur de sa propre création *et nous-mêmes, étant l'une de ses créations, cette force réside en nous* !

Observons notre esprit : il fonctionne lui aussi selon le modèle dualiste de l'énergie. Capable de comprendre le fonctionnement créateur du gouvernail, pourquoi ne serait-il pas capable de le maîtriser ?

Il n'y a pas d'être organisé dans l'Univers, si petit et élémentaire soit-il, qui ne possède pas en lui l'intégralité du gouvernail immanent de l'Univers. Il n'y manque rien ! Toute entité, si élémentaire soit-elle, reproduit la structure du tout comme chaque partie d'un hologramme reproduit la totalité du cliché initial… C'est cela la seconde bonne nouvelle !

C'est cette immanence qui a fait dire à un philosophe contemporain : « L'homme n'est pas né libre, mais il est libre de se libérer… »

Le gouvernail est là, sur le pont de notre existence, mais, apparemment aucun pilote visible à l'horizon pour diriger le navire !

Le concept d'immanence est synonyme d'intériorité, quelque chose que nous vivons de la naissance à la mort et c'est ce qui me fait dire que : « *C'est ce qui est conscient d'exister dans un être qui est appelé à en devenir le maître.* »

Qu'attendons-nous donc pour en prendre les commandes ?

Il y a deux niveaux de réponse à cette question.

La citation suivante constitue la première :

« Dieu a déjà trop donné à l'homme : la liberté de choix, mais du fait de sa nature infantile, l'homme n'accepte pas ce don et reste donc par conséquent, constamment insatisfait » (Vadim Zeland).

Peut-être l'humanité est-elle maintenant en train d'en finir avec son adolescence et prête à accepter son pouvoir et son incroyable identité avec le tout ?

Mais qu'est-ce qui l'en empêchait jusqu'alors ?

C'est le deuxième niveau de réponse : *il ignore qu'il possède en lui la clé de contrôle du gouvernail immanent de l'Univers*.

La troisième bonne nouvelle, c'est donc que le pouvoir créateur immanent ne nous crée pas seulement en tant que corps muni d'un esprit pour le guider dans le monde de la matière mais qu'il laisse en chaque être organisé une parcelle de son pouvoir qui contient en même temps sa puissance illimitée et donc notre pouvoir d'évoluer par nous-mêmes : *l'âme.*

UNE TRIPLE DIMENSION POUR UNE DOUBLE VIE

L'être humain naît avec une vie ordinaire et une vie extraordinaire. Tous les êtres humains vivent leur vie ordinaire, très peu veulent vivre leur vie extraordinaire. L'âme, déposée en nous pour guider notre nature évolutive est utilisée par très peu d'entre nous.

En fait, le mot « déposée » n'est pas tout à fait juste car bien que personne ne connaisse ces choses-là avec certitude, l'intuition spirituelle nous dit que c'est plutôt un corps qui a été remis à une âme qui cherchait à s'incarner. Mais peu importe concernant notre évolution, ce qui est certain c'est que cette âme est la source de tous les changements dont nous pouvons rêver.

Tout comme, dans la vie ordinaire, l'enfant passe d'une totale dépendance liée à son ignorance à l'autonomie de l'homme adulte qui a appris à mieux se connaître, de même, pour vivre sa vie extraordinaire, l'homme doit passer de l'ignorance de soi à la connaissance de son être total : *âme, esprit, corps et nagual.*

Le mot « âme » possède une forte connotation religieuse dont il faut se débarrasser pour appréhender de façon opérationnelle le message des chamanes toltèques.

À la suite de leurs pratiques assidues, les chamanes sont parvenus à percevoir autour de l'être humain un rayonnement de forme ovoïde doté d'un point particulièrement lumineux dont l'emplacement change quand l'individu change les modalités psychologiques et comportementales de sa personnalité.

Ils ont identifié cette forme lumineuse à l'âme, la concevant comme la porte d'un potentiel de possibilités extrêmement vaste d'expériences à la suite de leurs aventures de plus en plus audacieuses dans la dimension inconnue de la conscience humaine (le nagual) et ont finalement baptisé cette partie de leur être, le *corps lumineux.*

GUÉRISON OU AUTOGUÉRISON, LA RESPONSABILITÉ D'ÊTRE LIBRE...

Beaucoup de gens parlent d'accords concernant le chamanisme mais savent-ils que tous les accords sans exception qui conditionnent le bonheur de l'homme proviennent et ne peuvent provenir que d'un seul accord : celui du tonal et de votre âme qui vous ouvrira la porte du nagual, l'inconnu.

L'homme a reçu tout ce qu'il faut pour cela dès le départ, dès sa naissance (souvenez-vous du premier vers de la profession de foi des guerriers toltèques : « J'ai déjà reçu le pouvoir qui gouverne ma destinée... »)

Autrement dit, et c'est encore un paradoxe supplémentaire, le plus étonnant de tous : *L'homme n'a pas d'autre choix que d'être libre. C'est la plus belle et la plus puissante des responsabilités, celle qui l'ouvre à tous les pouvoirs. C'est la bonne nouvelle, celle que tous les grands initiés se sont efforcés d'apporter à l'être humain.*

CHAPITRE III

L'anneau de pouvoir, clé de la conscience humaine

Quand l'homme découvre que le monde n'est pas aussi objectif qu'il le croit.

QU'EST-CE QUE L'ANNEAU DE POUVOIR ?

Notre personnalité est en fait constituée de plusieurs filtres : le filtre perceptuel, le filtre affectif-émotionnel et le filtre mental à travers lesquels chaque individu perçoit, ressent et pense le monde extérieur. Le monde, pour chacun, se présente donc à lui tel qu'il le façonne par ses propres perceptions, ses propres valeurs et croyances et ses propres façons de raisonner qu'il projette sur celui-ci comme nous verrions le soleil bleu si nous portions des verres de contact bleus installés sur nos yeux dès la naissance sans que nous en soyons conscients.

Nous opérons donc dans le flux total d'informations qui nous bombarde en permanence une sélection correspondant à ces filtres et ne prêtons aucune attention à ceux qu'ils ne retiennent pas. Un grand sage indien a dit : « Le monde n'est pas tel qu'on le voit mais tel qu'on le regarde », « voir » signifiant ici une perception idéale mais impossible du monde c'est-à-dire sans filtres alors que « regarder » implique une absence initiale de neutralité de l'attention déjà orientée par les filtres qui constituent notre personnalité.

Un grand scientifique a d'ailleurs dit lui-même : « Dans sa quête de connaissance, l'homme ne peut trouver que ce qu'il cherche déjà, consciemment ou inconsciemment. C'est ainsi qu'il crée l'Univers tout en le découvrant. » Il n'y a rien de plus mystérieux que la conscience. Il est indispensable, pour la comprendre, donc pour se comprendre soi-même, d'associer avec patience et enthousiasme, un apprentissage extérieur et sa propre intuition. Alors seulement une première vérité essentielle se fait jour peu à peu pour nous guider toujours plus loin.

De la façon dont nous utilisons notre attention (donc nos filtres) dépend toute notre existence dans ses moindres détails.

Cette façon de voir le fonctionnement de la conscience remet en question la notion moderne d'objectivité et de subjectivité qui est essentielle pour comprendre notre rapport au monde extérieur en tant que sujet et évaluer quel pouvoir nous avons sur lui. Voyons ce que ces deux mots signifient.

Croire à l'objectivité du monde qui nous entoure c'est croire qu'il existe indépendamment du sujet qui l'observe. La conscience de l'homme n'étant ainsi qu'un outil totalement passif dont le rôle se réduirait à recevoir des informations sur ce monde afin d'y survivre, la réalité intrinsèque de celui-ci ne dépendrait pas du sujet.

La subjectivité est le fait qu'au cours de son observation du monde extérieur, le sujet intervient inconsciemment sur celui-ci et que ce qu'il perçoit n'est pas *la* réalité de ce qu'il observe mais *sa* réalité personnelle. C'est exactement ce que nous décrivons dans les paragraphes ci-dessus.

De simples façons de fonctionner de la conscience, ces deux concepts d'objectivité et de subjectivité sont devenus au cours de l'histoire humaine les fondements de deux philosophies : l'objectivisme et le subjectivisme et, tout naturellement l'objectivisme est devenu la base de la science moderne et le subjectivisme a continué d'être l'un des fondements de la spiritualité.

Si l'on se reporte aux paragraphes ci-dessus concernant les filtres au travers lesquels toute conscience passe pour tenter d'appréhender la réalité du monde, il y a deux niveaux de subjectivisme.

Le premier niveau dit que nous ne pouvons pas connaître la réalité du monde extérieur tel qu'il est en soi car notre conscience est intrinsèquement constituée de filtres au travers desquels chaque être vivant se construit une interprétation personnelle de ce monde correspondant exactement à la fois aux besoins et limites de son espèce et à sa personnalité unique d'individu. Ce qui, si l'on étudie soigneusement le fonctionnement de l'être humain, paraît difficilement contestable.

Le second niveau de subjectivisme consiste à affirmer que non seulement chaque conscience individuelle interprète nécessairement toutes informations en provenance du monde extérieur, et qu'elle peut le modifier si elle change ses modalités d'interprétation (ses filtres), mais au-delà, que ce monde apparemment extérieur n'existe en réalité que dans la conscience du sujet.

La prétendue objectivité que l'homme serait capable d'atteindre dans certaines conditions d'observation est donc plus que douteuse puisque nous ne pouvons accéder à la connaissance des choses, y compris par l'intermédiaire de machines et d'appareils, qu'en passant par ces trois filtres.

D'ailleurs si la science semble nous entretenir, encore de nos jours, dans l'illusion de l'objectivité, la physique quantique, qui en est le niveau le plus avancé, la dénie de façon radicale, notamment avec les découvertes d'Heisenberg, l'un des pères de la physique actuelle, découvertes dont la plus importante démontre le fait que la simple observation extérieure et purement passive d'un quelconque phénomène en modifie la nature.

Mais revenons au quotidien de chaque personne. Avec ses filtres, c'est-à-dire sa conscience personnelle, chaque individu vit ainsi dans un monde qu'il « crée » et qui, par les résultats de ses actes (conformes aux filtrages), le façonne aussi lui-même en retour de façon interactive. Ce processus fondamental qui relie chaque sujet à son monde-objet est connu depuis des milliers d'années par les chamanes toltèques et appelé par ceux-ci « l'anneau de pouvoir », à cause de sa forme circulaire. Finalement, chaque personne vit dans un monde beaucoup plus subjectif qu'il ne le croit généralement, même si elle partage certains de ses filtres avec d'autres membres des différents groupes auxquels elle appartient, il s'agit dans ce cas de « subjectivité partagée ». Ajoutons que le filtrage n'est en soi ni bien ni mal, c'est le fonctionnement naturel et incontournable de la conscience qui fonde le sentiment de vivre.

Quelles conséquences pratiques cela a-t-il pour nous ? Que pouvons-nous en déduire qui puisse nous permettre de mieux vivre ?

D'abord cela nous révèle notre propre réalité : une conscience débordant largement le cadre limité de notre ego, celle d'un être qui se contente de survivre en recevant des informations sur un monde extérieur auquel il ne peut que s'adapter en permanence dans une relation unilatérale. Ensuite que cette conscience peut jouer un rôle beaucoup plus important qu'il n'y paraît dans le déroulement de ce monde extérieur en explorant cette subjectivité, mais cette fois délibérément.

Nous pourrions comparer une personne inconsciente de filtrer la réalité du monde à un simple spectateur d'une pièce de théâtre et une personne consciente de son anneau de pouvoir et consciente du pouvoir que cela lui donne au metteur en scène de la pièce.

Bien que le simple spectateur, le plus inconsciemment du monde, se crée « sa propre pièce » en la passant à travers ses filtres, il n'a aucun pouvoir sur la pièce. Il n'osera jamais proposer de la modifier alors que le metteur en scène, conscient d'en être le créateur artistique, n'hésitera pas à le faire si quelque détail ne lui plaisait pas.

En résumé, tout ce qui compte c'est de voir si les filtres que nous exerçons sur la vie nous apportent le bonheur, la santé et la réussite et, si ce n'est pas le cas, de déceler lesquels d'entre eux doivent être changés pour que notre relation circulaire au monde (notre anneau de pouvoir) tourne à notre avantage.

Deux possibilités se présentent alors : soit les filtres restent les mêmes et à chaque échange ou action sur le monde extérieur, ils sont renforcés puisque ces actes sont conformes aux filtrages, soit l'individu change ses filtres, et les actes et leurs résultats changeant aussi, pour lui le monde change.

En fait, il est très difficile, voire impossible, de déterminer la part d'objectivité et la part de subjectivité qui entrent dans la perception que chaque être vivant a du monde. Nous aurions envie, par besoin de rationalisme et de vérité universelle et aussi parce que c'est beaucoup plus rassurant, de croire à l'objectivité du monde dans lequel nous vivons mais ce besoin est un énorme piège.

Car en prenant le parti d'y croire, nous renforçons notre ego, chacun s'accrochant à l'objectivité de *sa* vérité, ce qui entraîne une grande difficulté à nous remettre en question.

Mais ce qui compte, finalement ce n'est pas de déterminer la part d'objectivité et la part de subjectivité qui interviennent dans notre rapport au monde, mais bien plutôt de prendre ses distances avec l'objectivisme ambiant qui nous emprisonne dans le piège de la socialité, fondée sur le dogme implicite d'une soi-disant réalité objective unique et valable pour tous et dont elle tire le droit de formater toutes les consciences et de les maintenir dans le matérialisme.

Comprendre l'anneau de pouvoir, c'est découvrir une bien plus grande subjectivité de la conscience mais aussi et surtout son pouvoir immense : la possibilité illimitée d'évolution personnelle par le changement de filtres et la possibilité de changer le monde en se changeant soi-même.

Comprendre la subjectivité du monde nous permet de relier notre ego, source de beaucoup de nos malheurs et souffrances, à nos filtres. En objectivant ainsi notre ego, il devient beaucoup plus facile de nous remettre en question et de faire de notre anneau de pouvoir une spirale de pouvoir, un instrument d'ouverture illimitée du champ de conscience pour chercher *notre vérité personnelle.*

Mais cette immense découverte des chamanes toltèques validée voici quelques décennies par la physique quantique, n'est pas encore descendue au niveau de la vie quotidienne de « monsieur tout le monde » qui vit encore inconsciemment sous l'emprise philosophique de l'objectivisme scientifique. Mais cela ne saurait tarder malgré les résistances de la mémoire collective. Bientôt, l'homme devra, en effet, changer tous ses paradigmes fondamentaux pour reprendre contact avec sa conscience et son âme et poursuivre le cours de son évolution spirituelle.

LE MONDE EST LE RÊVE DE NOTRE ÂME

L'attention est bien plus mystérieuse qu'il n'y paraît ! Ne vous laissez pas piéger par l'extériorité apparente du monde ! Peut-être n'existe-t-il que dans et par la conscience de celui qui le regarde ! Cela vous paraît absurde ? C'est simplement parce que depuis votre naissance, tout ce que vous avez appris à considérer comme vrai était fondé sur l'objectivisme !

L'objectivisme dit que tout objet ou phénomène observable par nos cinq sens existe en soi, indépendamment du sujet qui l'observe. L'objectivisme est une philosophie et c'est aussi un postulat. Un postulat est quelque chose qu'on affirme et auquel on croit dur comme fer sans ressentir le besoin d'en démontrer la justesse, mais surtout parce qu'il est un dogme sans fondement logique. Si surprenant que cela puisse vous paraître, La science, qui se veut pourtant rigoureuse et rationnelle, ne procède que comme cela, elle est entièrement fondée sur des postulats.

Et si cela n'était pas vrai ? Si l'objectivisme se trompait ? Nous devrions, dans ce cas, reconsidérer le subjectivisme (une philosophie qui dit le contraire), rangé par le scientisme dans le placard des superstitions moyenâgeuses, et le reconsidérer comme quelque chose d'intéressant pour notre évolution !

Vous pouvez, si vous avez envie de remettre en question cette apparente évidence de l'objectivisme, faire une petite expérience.

Arrêtez un moment de vous agiter, cessez toute action physique, faites le calme dans votre esprit, asseyez-vous dans un endroit tranquille, le plus silencieux possible, puis observez silencieusement tout ce qui vous entoure, meubles, objets. Puis englobez-vous vous-même dans cette action d'observer : c'est-à-dire sentez-vous vous-même en train d'observer la pièce et tous ses objets. Au bout d'un instant, peut-être la première fois, peut-être lors de l'expérience suivante, vous allez ressentir de façon évidente, que tout ce qui existe autour de vous, votre propre corps inclus, n'est là que parce que vous le percevez. Peut-être pour la première fois de votre vie, aurez-vous expérimenté consciemment ce qu'est vraiment le pouvoir de votre conscience : celui de faire exister le monde !

C'est là que le mental ne devrait pas intervenir car, juste après avoir fait cette petite découverte, il va tout de suite vous dire : « Si tu sors d'ici, tous ces objets vont continuer d'exister, la preuve c'est que si tu y entres à nouveau, tu les retrouveras tels que tu les as laissés. » Cela semble irréfutable sauf… la première partie de la phrase !

Personne ne peut affirmer une telle chose et même si vous laissez une autre personne dans la pièce pour vérifier que tous les objets continuent bien d'exister pendant que vous n'en êtes plus témoin, vous faites l'erreur objectiviste de croire que ces objets sont les mêmes pour vous et pour cette personne. Seule la description langagière nous fait croire que quand deux personnes sont dans le même endroit, ils perçoivent les mêmes choses parce qu'ils se les décrivent avec le même code obligatoirement consensuel puisque destiné à créer un accord sur la description des choses et non, ce qui est impossible, sur leur réalité vécue intérieurement par chaque individu. Un daltonien et une personne qui voit les couleurs de façon « normale » appellent tous deux un pull rouge, un pull rouge, alors que dans leurs têtes, l'un le voit brun-vert et l'autre rouge parce que, quand ils étaient petits on leur a dit à tous deux que le pull était rouge. Il y a consensus dans la description mais pas dans le vécu réel. Qu'est-ce qui compte, la description ou le vécu réel? La description verbale n'est qu'une abstraction destinée à communiquer.

Revenons donc à notre expérience. Si vous prenez la peine de la faire plusieurs fois de suite, une pensée incroyable va finir par émerger en vous: peut-être que la présence de tous ces objets dans la pièce n'est pas un phénomène qui part de l'extérieur, c'est-à-dire d'eux pour aller vers vos sens, sous forme de rayons lumineux ou de sons ou de touchers, ce qui réduit votre conscience au simple rôle d'un appareil récepteur de fréquences variées, comme une caméra ou un appareil photo, mais qu'au contraire, quelque chose existe en vous, d'indispensable, qui déclenche instantanément la présence de ces objets et de ce décor.

Les chamanes aborigènes qui ont une description de la réalité très différente de la nôtre, disent que l'homme rêve le monde. Spécialistes des états de conscience élargie, ils savent s'éveiller dans leurs rêves et en maîtriser le cours. Toute personne ayant appris à faire cela voit sa vie profondément transformée parce que, avec de l'entraînement, il s'aperçoit que la consistance sensorielle de ce qu'il vit dans ses rêves est aussi vivante et aussi réelle que ce qu'il vit dans le quotidien.

C'est à ce moment-là qu'il envisage que ce quotidien pourrait aussi bien être rêvé que ses rêves nocturnes éveillés. Bien sûr, le mot «rêve», tout comme le mot «exister», prend, à partir de là, un sens différent, la vie diurne étant un rêve au même titre que les rêves conscients de la nuit, pourquoi ne pas en manipuler la matière comme on manipule celle des rêves éveillés? Rêver n'est pas vivre une illusion, un fantasme mais créer un événement, une réalité.

Mais revenons à la part de subjectivité de notre vie quotidienne car c'est à partir d'elle que se déclenchent l'idée et l'envie de mettre plus de pouvoir dans notre vie en reprenant conscience du potentiel créatif de notre conscience.

Dans un cadre subjectiviste, le sens du mot «exister» lui aussi doit être revu. On pourrait par exemple dire que le

Fig. 3. L'anneau de pouvoir

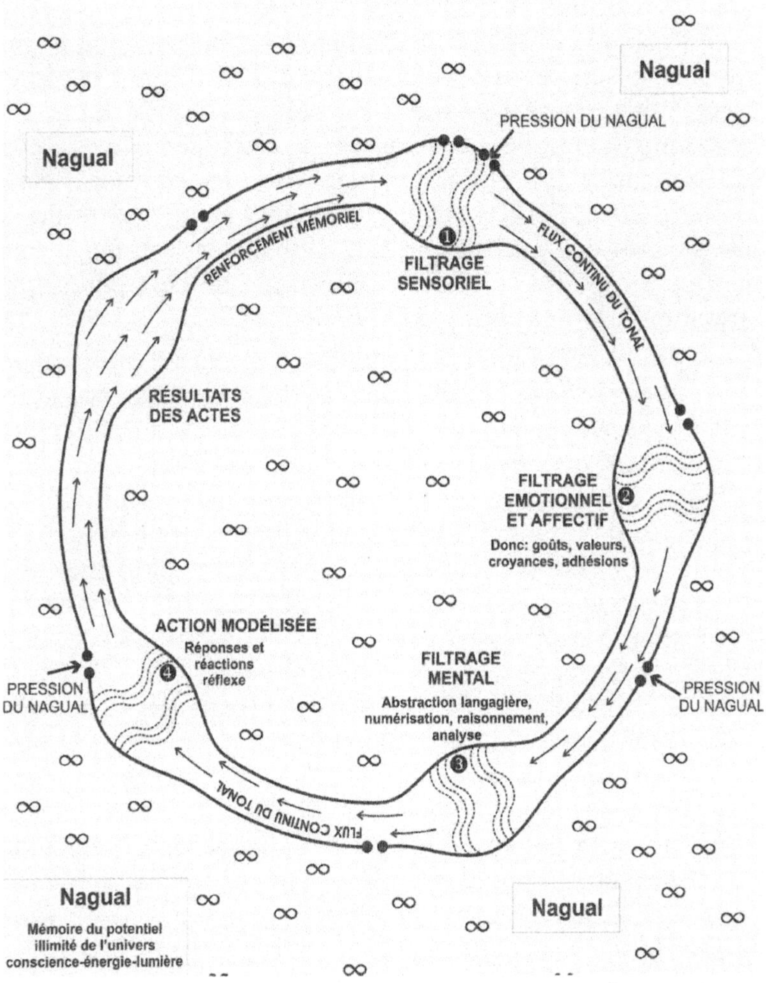

fait d'exister est une fonction commune du monde extérieur sensoriellement observable et de l'esprit de l'observateur, les deux, l'objet observé et le sujet observant, étant dans ce cas, dotés d'une inséparabilité avec laquelle cependant, les chamanes jouent pour augmenter leur pouvoir sur la réalité dite «extérieure». «L'existence d'une chose dépend intrinsèquement de la conscience ou des consciences qui affirment ou observent l'existence de cette chose, entrent en contact avec elle ou agissent sur elle. »

La science officielle a d'ailleurs beaucoup évolué par rapport à son dogme objectiviste d'il y a deux ou trois siècles et le cartésianisme n'est plus du tout de mise. La physique quantique, dernière née des grandes étapes de la science, nous apporte, notamment avec les travaux d'Heisenberg et de Schrödinger, le fruit très subjectiviste de la découverte que « le simple fait d'observer le trajet d'une particule modifie celui-ci ». Qu'est-ce que cela peut nous apporter dans notre vie quotidienne ?

- En considérant que le monde extérieur tel que chacun le perçoit est une création de chaque conscience individuelle, le fruit d'un filtrage personnel qu'elle opère sur un hypothétique monde total extérieur (définition de l'anneau de pouvoir des chamanes toltèques, qui décrit comment la conscience crée sa réalité).
- En considérant qu'il n'y a pas d'autre réalité que celle de chaque conscience individuelle, toute soi-disant réalité collective n'étant en fait qu'une description consensuelle destinée à communiquer…
- En considérant que sans sujet il ne peut exister d'objet, l'existence d'un objet étant le résultat de sa rencontre avec un sujet…
- En considérant le monde quotidien comme un des produits du pouvoir de rêver de la conscience, sa réalité physique faisant partie du pouvoir créatif de celle-ci…

La porte est enfin ouverte à une impressionnante libération de la conscience humaine… C'est l'âme qui est le siège de la maîtrise du rêve, cela tombe bien ! Car l'âme est le cœur du sujet, le lieu exact d'où l'homme a le pouvoir de créer sa vie librement

MAÎTRISER NOTRE ATTENTION C'EST MAÎTRISER NOTRE VIE

Maîtriser notre vie veut dire : obtenir de l'existence ce que nous désirons au plus profond de nous-mêmes pour nous sentir heureux durablement.

Nous sommes, sur un certain plan, des émetteurs et récepteurs d'énergies et d'informations et, que ce soit notre corps ou notre esprit qui joue ce rôle, c'est la fonction active de notre conscience qui fait cela : *notre attention.* Quand nous agissons, pensons ou parlons, nous sommes émetteurs (énergie yang masculine), quand nous ne faisons rien ni ne pensons à rien et que, en revanche, nous observons et écoutons ce qui se passe autour de nous, nous sommes récepteurs (énergie yin féminine). Ainsi, toute la journée, notre attention alterne-t-elle énergétiquement entre les deux pôles de l'énergie universelle.

Mais sommes-nous conscients à chaque instant de ce travail ininterrompu de notre attention ? bien loin de là… ! Comme ces va-et-vient d'énergies sont la plupart du temps de nombreuses répétitions de gestes paroles et pensées, tant émises que reçues par nous tout au long de notre vie, c'est la mémoire mentale, corporelle et comportementale qui en a pris en main la gestion, endormant notre vigilance assoupie et relâchée pour garder le pouvoir dans notre conscience. Nous vivons un peu, en quelque sorte, à moitié sous hypnose, sous la coupe inconsciente de notre mémoire. Nous nous laissons aller, le plus inconsciemment du monde, à vivre le quotidien à travers d'innombrables routines et automatismes de tous types : mentales, émotionnelles, corporelles et comportementales.

De plus, il ne faut jamais oublier que ce sont les choses les plus élémentaires et les plus quotidiennes qui sont presque toujours les plus déterminantes de notre vie, tant sur le plan de la santé que sur celui de notre bonheur ou de notre réussite existentielle.

En effet, nous sommes attentifs vingt-quatre heures sur vingt-quatre (même la nuit en rêvant), nous respirons vingt-quatre heures sur vingt-quatre, nous marchons tous les jours, nous mangeons trois fois par jour toute la vie mais presque personne ne connaît la magie créatrice de son attention ni le trésor qu'est l'instant présent. Très peu de gens connaissent les possibilités de transformation personnelle de la respiration, pratiquement personne ne sait marcher pour gagner de l'énergie et très rares sont les personnes qui n'abîment pas leur santé en mangeant. Ces choses « banales » n'intéressent personne, elles sont tellement ordinaires, si elles cachaient des secrets ça se saurait ! Et pourtant… !

Voici une métaphore : notre ignorance du potentiel impressionnant de ces gestes si quotidiens est comparable au fait que nous ne pourrons jamais voir nos yeux directement alors que nous les utilisons toute notre vie pour voir le monde ! Nous sommes aveugles à nos propres yeux !

Il y a heureusement une grande différence entre les deux termes de cette comparaison : l'homme a le pouvoir de se connaître lui-même et en particulier de prendre conscience de sa propre attention pour en découvrir la magie et commencer à l'utiliser de façon plus maîtrisée.

C'est pourquoi en chamanisme toltèque, nous distinguons plusieurs sortes d'attention : l'attention sélective, dont nous venons de faire la description et qui s'appelle ainsi parce que la mémoire nous fait sélectionner, dans le flux d'informations et d'énergies qui nous bombardent en permanence, celles qui ont plus ou moins une analogie avec ses propres contenus afin de *conserver notre organisation habituelle.* Vient ensuite l'attention-vigile, celle que nous pouvons commencer à exercer quand, ayant pris conscience de notre état d'hypnose éveillée et de ses graves inconvénients, nous décidons de changer certaines de nos routines mentales, émotionnelles, corporelles et comportementales pour devenir plus libres de la mémoire et nous réaliser. Ensuite, vient l'attention seconde, celle que nous exerçons quand nous entrons dans les états de conscience élargie. Il existe enfin un ultime état d'état d'attention correspondant à un très niveau de conscience appelé tierce attention et qui, fusionnant la première et la seconde attention libère totalement la conscience de l'homme de son corps et lui permet de voyager librement dans l'infini du nagual.

Ce qui nous intéressera surtout ici c'est d'accéder à l'attention-vigile. C'est tout le travail de l'apprenti chamane ou de n'importe quelle personne qui souhaite utiliser le chamanisme pour être tout simplement plus heureux en devenant capable de changer les habitudes et routines de sa vie, parfois très inconscientes parce que liées à des croyances profondément enfouies en elle.

Il y a trois groupes d'exercices qui permettent d'atteindre cet objectif :

- **les non-faire** – ce sont des façons d'agir totalement différentes et même opposées à celles que nous avons l'habitude d'exercer pour des petits actes de la vie quotidienne – on s'y entraîne comme un jeu mais ils sont très puissants pour déstabiliser et affaiblir la puissance excessive de la mémoire et donc, par mouvement de bascule, pour faire remonter notre créativité existentielle, celle dans laquelle nous allons trouver les alternatives de scénarios de vie souhaités ;
- **développer une conscience profonde du corps** – le but est de se rapprocher de notre âme (ou corps lumineux) qui est en fait l'intelligence silencieuse de notre corps et dont la conscience ordinaire n'est qu'une déléguée que l'âme a mise en place pour gérer le quotidien de l'être vivant. L'âme est aussi pour nous le passage, le véhicule par lequel nous pouvons aller dans le nagual, notre champ de conscience illimité, où se trouvent toutes les alternatives de scénarios de vie que nous pouvons désirer. Parallèlement, une conscience profonde du corps développe une excellente santé et favorise la capacité d'autoguérison ;
- **le nettoyage du tonal**. Il consiste à dépister et à éliminer de notre vie quotidienne toutes les routines mentales, émotionnelles, corporelles et comportementales dont nous avons compris qu'elles nous portent tort,

nous empêchent de nous respecter, nous font perdre de l'énergie sans utilité – la difficulté de cette pratique c'est qu'il faut beaucoup d'honnêteté vis-à-vis de soi-même et d'être capable d'éliminer notre autocomplaisance. Mais cette honnêteté se développera d'elle-même avec la fermeté de notre objectif.

Le nettoyage du tonal fera l'objet des chapitres pratiques de ce livre.

En s'engageant dans ces trois grands axes de travail, nous développons notre liberté intérieure, nous nous donnons les moyens de tous les changements dont nous rêvons et élargissons considérablement le sens de notre vie. *C'est la maîtrise de notre attention qui en est la clé.*

CHAPITRE IV

L'âme, cette immortelle voyageuse

L'ÂME, UNE ENTITÉ CONCRÈTE TRÈS SUBTILE

Nous l'avons vu dans le chapitre I, l'homme, comme être incarné, est composé de trois entités qui constituent son individualité : *l'esprit,* le *corps et l'âme.*

Le corps, nous le connaissons bien que nous ignorions le plus souvent certaines de ses possibilités et connexions.

L'esprit est notre conscience ordinaire, incluant elle-même le mental qui pense et raisonne, le cœur qui ressent des sentiments durables et l'émotionnel qui est le siège d'émotions fugitives.

Cependant, bien qu'il soit évident de séparer les rôles distincts de ces trois composants de l'esprit, ils fonctionnent toujours en interaction (dans la constitution de nos croyances par exemple).

Une croyance, en effet, est le mélange d'un sentiment (amour, confiance méfiance, mépris, etc.) avec un raisonnement, le tout installé dans la mémoire du sujet dont elle va être le fondement de ses actes et comportements.

L'âme est la clé du nagual, sa porte d'accès directe, au point que souvent les chamanes toltèques appellent aussi l'âme, le nagual. C'est la conscience silencieuse de l'homme à laquelle il doit accéder pour passer dans le réservoir inépuisable de créativité du nagual où toutes les alternatives de scénarios de vie imaginables l'attendent (fig. 4). L'âme est une émanation personnalisée du nagual, un hologramme de celui-ci attaché au tonal dont il est aussi un double lumineux.

Cette âme est une chose très concrète. Les chamanes la voient comme un œuf lumineux interpénétrant tout être vivant mais elle est aussi l'intelligence cosmique tout entière au service de chaque être vivant (fig. 5).

Vu sous l'angle scientifique, selon le généticien allemand, Fritz Popp, auteur de *Biologie de la lumière,* le corps lumineux serait le résultat de la condensation des milliards de minuscules rayonnements UV à basse tension émis par les ADN des noyaux cellulaires. Ce chercheur détermina, en outre que, d'une part, c'était ce rayonnement et non les chromosomes eux-mêmes qui contiendraient toute l'information de tout système vivant, constituant ainsi l'intelligence globale de celui-ci et que, d'autre part les chromosomes ne seraient qu'un relais physique de cette intelligence subtile non matérielle, non soumise à l'entropie donc immortelle.

Ainsi, comme tout processus dynamique vivant de l'Univers, circulaire et interactif, on peut tout aussi bien affirmer, comme le font les chamanes, que l'intelligence lumineuse (énergie, conscience et lumière) est à la source du corps physique et non l'inverse comme le pensent les matérialistes. Le rayonnement de vie se fait donc aussi bien à partir de l'âme qu'à partir du corps.

Mais si, comme le pensent les matérialistes, toute l'intelligence du corps est vraiment stockée dans les ADN, à quoi servirait donc ce rayonnement qui semble, selon les expériences de Fritz Popp, contenir informations et sentiments ?

Dans la nature, rien n'est inutile et une aura bleuâtre interpénétrant et entourant le corps, variant selon les états de santé, les émotions, les sentiments et les pensées de tout être humain, n'a certainement pas été allouée à chaque représentant du monde vivant seulement pour faire joli.

En réalité, le problème de l'interprétation du corps lumineux qui sous-tend cette alternative scientifique met en jeu, dans une époque charnière de l'histoire humaine, un renouveau spirituel sans précédent qui remet aussi en question la barrière entre esprit et matière.

Cette découverte va peut-être pouvoir mettre fin à ce divorce aristotélicien et sans issue entre matérialisme et spiritualisme.

L'âme est un paradoxe vivant, le plus étonnant de l'Univers car elle est, à la fois, la dimension universelle de l'homme, une entité impersonnelle par le potentiel illimité d'expériences qu'elle lui offre, et en même temps sa dimension lumineuse personnelle qui cristallise tous les éléments d'une personnalité unique et complète dès que l'individu va se tourner vers elle.

En fait elle est un modèle réduit de la puissance créatrice de l'Univers tout entier enfermé dans un être individuel dans lequel elle se personnalise momentanément, c'est-à-dire pendant la vie de celui-ci qu'elle quitte au moment de la mort, sauf si l'individu a conquis son immortalité.

En fait, elle voyage éternellement dans des êtres incarnés successifs, leur fournissant simultanément la conscience ordinaire, son délégué, pour gérer leur vie consciente. Pendant ce temps, elle se cache derrière le rideau au fond du tonal, telle une veilleuse que chaque individu ressent comme un sentiment confus mais persistant d'une chose grandiose et redoutable à la fois vers lequel il osera ou non se tourner pour ouvrir le rideau et comprendre enfin la plénitude d'exister.

Les scientifiques cherchent en vain à identifier la conscience humaine au cerveau ou à quelque organe, même microscopique, qui en dévoilerait enfin le siège. Mais ils restent en cela prisonniers de leurs dogmes matérialistes et restent toujours dans le culte inconscient de l'extériorité, de la matérialité.

C'est pourquoi il leur est très difficile de s'ouvrir à une conception comme celle de l'âme, l'entité subtile à la fois définitivement impalpable et intérieure et cependant source de toute la réalité manifestée matériellement.

«L'intériorité, c'est le grand mystère», me disait mon maître, le chamane Wang pour clore nos échanges avec une mimique à la fois désabusée et bienveillante quand je le harcelais de questions sur les mystères de la conscience dont les réponses ne m'apaisaient pas.

La seule chose qui compte donc c'est d'oser croire et d'oser explorer, armé de cette foi, les possibilités inconnues de notre intériorité.

Le matérialisme imprègne profondément nos raisonnements et nos pensées. L'apparence et l'extériorité des choses exercent une grande influence sur notre attention. C'est pourquoi l'homme actuel ne distingue pas son identité intérieure de son identité extérieure.

C'est comme si quelqu'un désignait son beau costume pour répondre à une personne qui lui demanderait qui il est.

Et pourtant, l'exploration du nagual par notre âme nous permettrait de devenir des êtres authentiques, ce que nous pourrions être si nous réduisions l'influence considérable de l'intelligence collective sur notre esprit, le formatage dont la socialité imprègne notre tonal majoritairement constitué de celle-ci.

L'un de ces formatages, par exemple, consiste à idéaliser l'âme.

Gardons-nous d'identifier celle-ci, comme le font souvent les religions, avec une sorte d'entité suprapsychique idéale, épurée de toute négativité, une sorte de territoire intérieur réservé à la pure bonté, au pur amour, à la pure beauté, à la perfection… Pour les chamanes, l'âme n'est rien de tout cela, car dans ce cas, l'homme ne disposerait pas de la liberté de choisir sa vie.

Avec la liberté de choisir, l'homme, par contre, peut vivre des expériences dont tous les paradis du monde ne pourraient même pas rendre compte, à condition de les désirer et de les créer, car il est là, sur cette terre, pour cela : créer.

Dans notre âme tout existe, le pire et le meilleur, c'est seulement la porte ouverte du nagual ce réservoir immense et magique de tous les possibles, notre potentiel de créativité existentielle. Si nous avons du pouvoir, nous pouvons y puiser le plus sublime, les expériences et réalisations les plus merveilleuses comme les plus terribles. Nous sommes en contact avec elle beaucoup plus par nos émotions auxquelles elle réagit et dont elle peut réaliser l'objet que par notre intellect.

Si les émotions négatives occupent notre esprit de façon insistante, alors l'âme nous apportera des expériences négatives et l'inverse est vrai aussi.

À propos des idées reçues sur l'âme, je me souviens d'une anecdote que j'ai vécue au Mexique il y a quelques années.

Un chamane de ma connaissance qui aimait choquer, non pour le seul plaisir de le faire mais pour faire réfléchir les esprits des gens qui venaient l'écouter dans de petites réunions sur la spiritualité, déclara un jour, au cours de l'une d'entre elles à laquelle j'assistais et en présence d'une trentaine de chrétiens de la bourgeoisie mexicaine : « L'âme, mes amis, ce n'est pas du tout un truc religieux, c'est une réalité de la vie dans ce qu'elle a de plus terre à terre et de plus quotidien tout en étant le plus grand des mystères. C'est quelque chose de tout à fait pratique. C'est là, en nous et autour de nous, aussi vital et naturel que la terre sur laquelle nous marchons, que l'air que nous respirons pour vivre, et ça sert essentiellement à devenir un être libre, puissant et qui peut transformer le monde du rêve en expérience réelle. Ne vous laissez donc plus raconter n'importe quoi par la religion au sujet de l'âme parce que vous n'osez pas en faire l'expérience. Vous ne verrez jamais votre cœur mis à nu battre devant vous mais ce n'est pas une raison pour en confier le soin aux médecins, et cependant vous le sentez bien battre dans votre poitrine, il est à vous, il est vous, à vous d'en prendre soin… eh bien pour votre âme c'est pareil, vous n'avez qu'à apprendre le silence intérieur dont je vous ai parlé et le pratiquer régulièrement et vous verrez que bientôt vous sentirez votre âme comme vous pouvez sentir votre cœur. Vous vous sentirez une tout autre personne, essayez, essayez vraiment, vous verrez… »

UN SENS À CONQUÉRIR PAR LA LIBERTÉ ET LA RESPONSABILITÉ DE CHOISIR

C'est en cela que le chamanisme et les religions divergent profondément mais c'est aussi à partir de cette conception implacable mais totalement expérientielle de l'âme humaine que l'on peut concevoir une perspective existentielle que l'on appelle *liberté.*

Au lieu d'identifier le mal à la vie terrestre et le bien à une hypothétique et paradisiaque existence non corporelle « au ciel », dont l'âme serait le chemin, et d'attribuer à Satan le pouvoir sur la première et à Dieu le pouvoir sur la seconde, les chamanes considèrent la liberté et la responsabilité de choisir comme le bien suprême et le véritable don de cet Univers à ses propres créations.

Le monde, dans sa nature paradoxale, n'est donc pas absurde ! Il est tout ce que nous voyons qu'il est et si la moitié de tout cela ne nous plaît pas parce que nous la qualifions de laid, d'injuste, de cruel, etc., nous nous occultons à nous-mêmes que c'est dans cette ambiguïté-là qu'il puise justement sa dynamique, qui est aussi la source de notre possibilité de choisir, donc de notre liberté !

Mais c'est nous qui, excessivement obnubilés par le quotidien du tonal, n'en comprenons pas le mécanisme merveilleux et restons prisonniers de ses apparentes contradictions !

Prenons, par exemple, la dualité dynamique « force de permanence/force de changement ».

Nous souffrons quand il faudrait changer et rompre avec nos routines, nous souffrons quand il faudrait au contraire persévérer dans la même pratique. Nous ne comprenons pas les appels au changement du nagual quand nous sommes malades ou en échec. Nous nous lassons très vite d'un comportement ou d'une pratique qu'il faudrait prolonger avec tout notre cœur pour en franchir les étapes transformatrices, etc. Bref nous favorisons la permanence quand il faudrait être dans le changement et sommes tentés de changer quand il faudrait au contraire persévérer, donc être dans la force de permanence.

Concernant la dualité dynamique tonal/nagual, nous nous fermons à l'inconnu quand il faudrait nous y ouvrir, nous nous ouvrons à lui quand ce n'est pas le moment. Finalement, nous sommes presque toujours à contre-pied des attitudes favorables à une bonne adaptation aux événements que nous vivons en ce qui concerne l'alternative : « changer d'attitude ou persévérer dans la même ».

Dans le cadre de la dualité féminin/masculin, nous sommes émetteurs quand il faudrait être récepteur, nous nous taisons quand il faudrait nous affirmer, nous écoutons et croyons naïvement quand il faudrait prendre ses distances.

Enfin, au niveau de la dualité corps/esprit, nous abusons du corps par manque d'esprit, nous utilisons l'esprit quand il faudrait écouter le corps.

Bref, nous nous faisons perpétuellement malmener par les quatre couples de forces dualistes de notre gouvernail intérieur au lieu d'en être les maîtres.

Nous tournons le dos à l'insondable générosité d'un monde aux apparences monstrueuses qui a mis la clé du mystère dans notre poche alors que nous ignorons même avoir une poche !

Même la mort est une énigme à deux voies avec un double choix : l'acceptation de son inéluctabilité si l'on en reste aux possibilités de la vie ordinaire et une voie d'issue vers l'immortalité si l'on se tourne vers notre dimension surnaturelle, avec en prime l'autoguérison, bien sûr !

Les chamanes du nouveau cycle toltèque, n'ont ainsi plus pour mission de guérir les hommes mais de leur enseigner l'autoguérison par le travail sur soi et le rapprochement de l'âme pour faire entrer l'humanité dans l'ère du cinquième cycle de la terre, celui qui marquera l'accès de l'humanité à sa maturité, un règne où l'homme sera capable de passer librement de la densité de la matière à la subtilité de l'esprit et vice-versa.

C'est dans l'âme que se trouvent les commandes du gouvernail immanent de l'Univers. Et c'est en prenant les commandes de ce gouvernail que nous pourrons changer tout ce que nous voulons dans notre vie ordinaire en y amenant l'alternative de scénario qui nous attend dans le nagual pour entrer dans la conscience de notre vie surnaturelle.

La bonne nouvelle, en un mot, c'est que nous sommes libres, incroyablement libres, et que la chose essentielle que nous ayons à faire, la première de toutes, est de le croire et de l'envisager, *nous libérant ainsi de l'idée que nous ne sommes pas libres.*

L'ÂME, LE TEMPS ET LE POUVOIR

Nous l'avons vu dans les premiers chapitres de ce livre, la mémoire dirige le cours de l'existence des choses qui viennent à la vie, en organisant leur permanence.

L'association d'un esprit et d'un corps entraîne donc une certaine rigidité dans le parcours de vie de cet être, liée au rôle conservateur de la mémoire. C'est pour cette raison qu'il n'est pas facile pour l'être humain de changer quelque chose de profondément ancré dans sa vie, fut-ce quelque chose de destructif dont il est bien conscient.

Il n'y a pas de temps tridimensionnel dans le nagual, comme dans le tonal. Dans celui-ci, le temps a trois modalités : le futur, le présent et le passé. Rien de tout cela dans le nagual : tout ce qui a été, est et sera, tout existant en même temps.

Le temps y est donc éternel et simultanéiste. C'est comme un éternel instant présent.

Quand un être vivant naît, il va s'incarner dans un corps et ce corps physique, étant guidé par un esprit (une conscience individuelle déposée par l'âme dans le corps) va instantanément fragmenter le temps dans ses trois modalités, le futur, le présent et le passé, parce que le corps ne peut exister que dans le présent et ne peut pas aller ni dans le futur ni dans le passé. Son esprit exclusivement voué à sa survie dans le monde matériel, va donc développer cette fragmentation du temps pour s'adapter à la nature concrète et dense du corps et lui permettre de vivre son existence terrestre, c'est-à-dire son tonal.

On peut représenter la conscience de cet être incarné comme un curseur qui parcourt son scénario de vie le long d'une ligne de temps précis déroulant, par instants présents, mis bout à bout, la vie de cet être vivant, le curseur marquant le passage de la conscience du futur vers le passé.

La densité matérielle du corps physique n'a pas pour seul effet de fragmenter le temps en ses trois modalités linéaire. Elle a aussi pour effet de fixer l'être incarné sur la ligne de son scénario de vie déterminé par les mémoires agissant dans le milieu matériel où est né cet être (ses parents, ses ancêtres, son époque, sa culture, son lieu de naissance, etc.).

C'est ce que don Juan, le maître de Carlos Castaneda, appelle la jonction des émanations de l'aigle avec les émanations de l'œuf lumineux du sujet au point d'assemblage (voir l'explication de ce concept dans mon livre *Chamane, le chemin des immortels*, chez Dervy).

Cela explique, nous l'avons déjà dit mais il est important de le répéter, la difficulté de changer quelque chose dans notre vie si nous n'utilisons pas notre dualité tonal/nagual.

Ainsi, si nous désirons changer notre scénario de vie, soit pour nous guérir, soit pour changer quelque chose dans notre personnalité qui nous fait souffrir, bref pour progresser délibérément et devenir les créateurs de notre vie, devrons-nous apprendre à visiter notre nagual avec notre âme qui sait ce que nous voulons pour qu'elle nous oriente vers le scénario désiré.

Tableau 1. Les trois champs de conscience de l'homme

LES TROIS CHAMPS DE CONSCIENCE DE L'HOMME SELON LE CHAMANISME TOLTÈQUE		
TONAL CHAMP DE CONSCIENCE INCARNÉE L'UNIVERS CONNU DU SUJET	**ÂME ou corps lumineux** CHAMP DE CONSCIENCE SILENCIEUSE LE DOUBLE INCONNU DU SUJET	**NAGUAL** CHAMP DE CONSCIENCE CRÉATRICE L'UNIVERS INCONNU DU SUJET
Concrétisation matérielle du désir d'exister de l'âme guidée par un délégué de celle-ci : la conscience ordinaire. Ego produit par ce sentiment de finitude. Champ de conscience refermé sur lui-même par la puissance conservatrice de la Mémoire (Anneau de Pouvoir). Temps linéaire (cristallisation de l'instant présent).	Entité subtile de conscience silencieuse simultanément personnelle et impersonnelle Véhicule de passage entre la conscience ordinaire du tonal et le champ de conscience créatrice et illimitée du nagual. Guide de transmutation et de libération vers l'immortalité individuelle.	Monde potentiel infini et chaotique non matériel et non structuré. Matériau de base illimité des multiples expressions du Monde incarné et organisé. Champ initial de la dualité universelle. États de conscience élargie (champ de la transe) Temps simultanéiste (tout est encore là et tout est déjà là).

La théorie de la relativité qui déclencha, avec la physique quantique, une vision scientifique du monde et de la matière dans laquelle la conscience de l'observateur joue un rôle déterminant, rejoint de façon troublante les prouesses des chamanes toltèques utilisant les pouvoirs de la conscience humaine.

En nous apportant la confirmation que le temps n'est pas le même d'un endroit à l'autre de l'espace et en nous introduisant ainsi dans une conception relativiste du temps pour laquelle la position du témoin est déterminante, elle ouvre des perspectives pour mieux comprendre l'approche simultanéiste du temps du nagual.

En physique quantique, l'instant présent étant différent dans chaque endroit de l'espace et n'étant donc que celui de chaque conscience, le temps simultanéiste et subjectiviste du chamanisme se trouve confirmé par celle-ci : c'est le temps de tous les événements de l'espace en même temps. L'un de ces événements est déjà dans le passé par rapport à un autre qui est dans le présent, lui-même étant dans le futur par rapport à un troisième. Pour le chamanisme, dans le nagual, ces temps locaux non synchrones sont transcendés pour constituer une trame temporellement synchrone et spatialement continue de l'Univers.

C'est une chose extrêmement encourageante pour l'avenir de l'humanité sur la terre de constater que le temps de l'objectivisme scientiste est définitivement révolu et que, de ce fait, l'exploration subjectiviste des possibilités de la conscience va pouvoir reprendre son élan, en accord avec une science désormais ouverte au subjectivisme et à toutes ses conséquences psychoénergétiques.

LA DUALITÉ DYNAMIQUE DE L'ÂME ET DE L'EGO

L'ego, rappelons-le, est l'ensemble des sensations, idées, connaissances, jugements, souvenirs que chaque individu a sur lui-même et dont l'ensemble constitue ce qu'il convient d'appeler une conscience restreinte de soi. Restreinte pour deux raisons : d'abord parce que cette représentation de soi adressée en permanence à soi est fabriquée par le mental et que le mental est loin de tout savoir de la totalité de l'être auquel il appartient.

La seconde raison qui justifie cette appellation de « conscience restreinte » c'est que l'ego est en fait comme l'image de soi qui serait reflétée sur la paroi intérieure d'une bulle d'existence quotidienne que nous appelons le tonal, notre connu, ou conscience ordinaire, pendant que cette bulle d'existence voguerait dans un Univers ouvert et illimité de possibilités d'expériences. Tant que nous sommes fascinés par l'image de nous-mêmes sur la paroi intérieure de la bulle, nous ne pouvons regarder à travers elle pour y voir les mondes et les mondes que nous croisons et qui défilent à l'extérieur. Et nous croyons, en toute bonne foi que nous ne sommes et n'avons droit qu'à l'intérieur de cette bulle. Pour être clair, la conscience ordinaire que constitue le tonal produit l'ego, le reflet intérieur de soi sur la paroi de la bulle, une conscience restreinte dont nous allons voir l'inconvénient.

Fig. 5. Symbolique spatiale des 6 directions pour l'éveil au corps lumineux

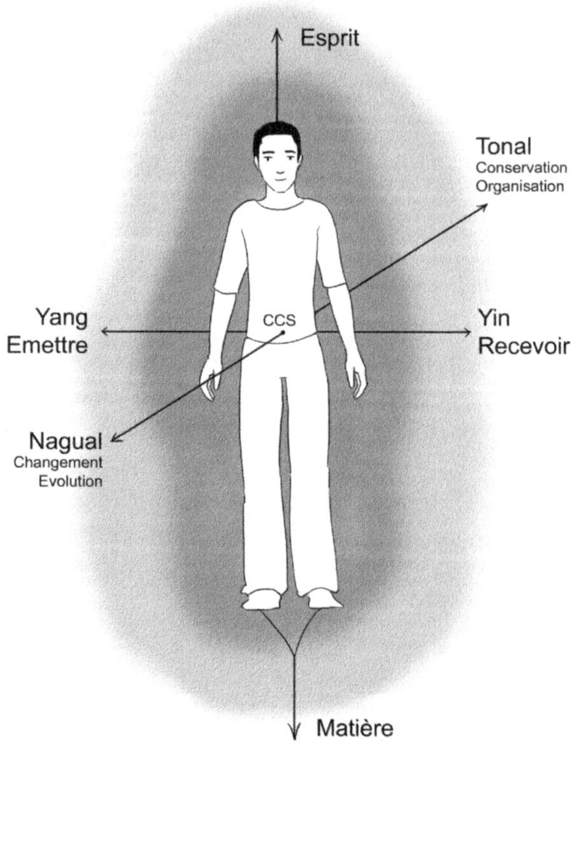

L'ego, qui nous ramène en permanence à nous-mêmes agit comme un gardien qui veille à l'intégrité et à la sécurité de notre tonal face à tout ce qui est inconnu autour de nous. Il nous protège de l'immensité des possibilités de renouvellement, perçues comme potentiel d'altérité (devenir un autre), qui fourmillent dans le nagual, notre potentiel créatif illimité. Cette peur, viscérale et instinctive, est bien sûr l'outil majeur de la mémoire dont le but est la permanence des choses et non leur transformation.

L'âme de chaque personne est d'une nature totalement opposée à celle de l'ego : elle est la porte qui ouvre au contraire sur l'immensité de l'inconnu, donc sur notre potentiel illimité de créativité : le nagual.

Nous sommes irrésistiblement attirés par le nagual vers lequel nous appelle notre âme car celle-ci sait bien que nous avons autant besoin d'inconnu que de connu, que le destin de l'homme s'accomplit dans l'équilibre entre toutes les forces qui constituent le monde de l'esprit et de la matière, mais nous avons néanmoins peur de cette immensité. Alors, le plus souvent c'est l'attachement au connu qui domine. C'est ainsi que l'ego, inévitablement, se renforce.

En fait, sachant au fond d'elle que la construction du vrai soi passe par la mise en place du « penser par soi-même » qui déclenche le processus de créativité existentielle caractéristique de l'ouverture de l'âme, la conscience individuelle qui a peur de cette aventure, va utiliser l'ego pour se construire une personnalité illusoire fondée sur quelques goûts et quelques valeurs du tonal.

L'ego est tout à fait capable de fournir cette impression d'être un être original et unique mais elle oblige le sujet concerné à vivre en permanence dans le plus gros des mensonges à soi-même que l'homme ait pu inventer.

En résumé, le couple âme/ego est une dualité dynamique de plus qui structure la conscience de chaque être humain car un ego réduit au minimum est tout aussi nécessaire à l'homme que l'ouverture à son âme.

Le rapprochement de l'âme fait se rétrécir l'ego jusqu'à de justes proportions au-delà desquelles l'individu risque la déstructuration de son être. De même, un développement hypertrophié de l'ego empêche l'âme de se manifester et dans ce cas, c'est la stagnation et la régression aux stades inférieurs de la conscience qui menace le sujet.

Le guerrier de l'esprit trouve dans cette dualité dynamique la matière d'un travail d'équilibre essentiel à réaliser pour que la conscience restreinte (l'ego) ne soit pas un obstacle à la rencontre et au développement de la conscience élargie de soi (l'âme).

C'est une autre facette du nettoyage du tonal dont nous allons expliquer les techniques dans les chapitres suivants.

LA VIE C'EST LE RÊVE DE L'ÂME

La notion de rêve doit être entièrement reconsidérée dès qu'on aborde le chamanisme. Le rêve, pour les chamanes, n'est pas un état de conscience illusoire, un ensemble de fantaisies purement imaginaires que produit l'esprit quand il est libéré momentanément des préoccupations de la vie quotidienne.

C'est en réalité une incursion dans le nagual: très exactement un état de conscience élargie vécu par l'esprit momentanément libéré non seulement des préoccupations quotidiennes mais aussi du corps pour vivre des expériences dans le monde non matériel du nagual. C'est l'âme qui vit ces expériences et elles seront exactement à la mesure de l'état d'intimité que le sujet a installé dans sa vie quotidienne entre sa conscience ordinaire, l'esprit, et sa conscience non-ordinaire, son âme.

Les chamanes considèrent que la vie quotidienne est exactement le contraire du rêve ordinaire tel que nous venons de le décrire: l'incarnation corporelle de l'âme est le rêve de celle-ci, autrement dit, notre vie actuelle, avec notre corps et dans ce monde matériel est un rêve de notre âme, nous sommes rêvés par elle !

Il y a donc une sorte de réciprocité entre nos rêves de la nuit, voyages de notre âme dans le monde non matériel du nagual, et le rêve que constitue notre vie, voyage de notre âme dans le monde matériel.

Pendant son incarnation dans une personne sur la terre, l'âme est en quelque sorte en état de conscience élargie, et quand, par contre, nous faisons du rêve éveillé (se réveiller dans un rêve et continuer de rêver consciemment), nous nous sentons en état de conscience élargie alors que pour l'âme c'est un état de conscience ordinaire !

Dans cette situation à trois « personnages », l'âme (le rêveur) d'un côté et le corps et l'esprit (le rêvé) de l'autre, la majorité des hommes se contente de jouer le rôle passif du rêvé au lieu d'oser remonter à la source et d'assumer le rôle actif et hautement créatif du rêveur : l'âme.

Mais où se trouve le vrai monde ? La vraie vie ? Pour les cultures chamaniques, ce que nous appelons l'au-delà, là où vont les âmes lorsqu'elles quittent un corps qui vient de mourir, est parfois considéré comme plus réel que ce monde-ci. Ce qui explique le détachement impressionnant que les guerriers précolombiens affichaient pour la vie terrestre et l'absence totale de peur de la mort qui faisait d'eux de farouches et impressionnants guerriers !

L'opinion des nouveaux voyants toltèques contemporains est beaucoup plus équilibrée sur ce point car ils estiment que la vie est des deux côtés, l'âme étant la conscience amplifiée et magique promise à tout être vivant souhaitant vivre sa totalité. C'est à elle que l'être humain en évolution doit s'éveiller pour s'ouvrir à sa plénitude intemporelle. Nous avons le pouvoir de vivre pleinement notre double dimension spirituelle et corporelle si toutefois nous le désirons et c'est la seule condition pour y parvenir.

CHAPITRE V

Le diagramme toltèque du changement

SE COULER DANS L'ÉNERGIE DU CHANGEMENT
(*DE LA RECETTE À L'ACTION*)

L'homme a de multiples raisons de vouloir changer. Mais d'abord, rappelons-nous que tout changement est simplement la manifestation d'une énergie « naturelle » de l'Univers. Changer est le destin incontournable de tout ce qui existe, c'est la force de changement de l'Univers qui s'exprime dans le cadre d'une dualité dynamique universelle dont le second terme, la force de permanence, équilibre son action.

On ne peut rien y faire, tout change tout le temps tout en présentant une certaine résistance au changement liée à la force de permanence. Et la vie telle que nous la voyons, avec ses rythmes, ses ruptures et ses rémanences, ses mutations et ses stabilités, en est le résultat.

Mais il y a une différence importante entre les changements spontanés liés aux rythmes naturels de la vie, les saisons, le vieillissement des choses et des êtres, la vie et la mort de tout ce qui vit, l'altération des paysages au long des millénaires, etc. et le fait de changer délibérément, consciemment et activement parce que quelque chose nous gêne dans le cours de notre vie, parce que nous n'avons pas ce que nous désirons, parce que nous sommes malheureux, que nous souffrons ou que nous sommes malades et que nous avons pensé que changer quelque chose dans notre façon de vivre, délibérément, de notre propre initiative, pouvait améliorer notre vie sans attendre que des événements extérieurs indépendants de notre volonté ou que les conséquences d'actes personnels que nous n'avions pas contrôlés nous acculent à des changements aux effets parfois encore pires que leurs causes.

Envisager ce genre de changement lucide implique deux choses: une certaine humilité sous-entendant que nous avons décidé de corriger nos propres erreurs ou que nous ne connaissons pas tout, et un minimum de foi dans notre pouvoir de mettre en place des améliorations grâce à ces changements librement décidés.

Mais ce qui est le plus important c'est le passage à l'acte et la volonté de mener le changement jusqu'au bout en s'attaquant lucidement aux résistances de la mémoire jusqu'à ce que les nouveaux comportements désirés aient définitivement remplacés les anciens.

Aide-toi, le ciel t'aidera. Une fois que vous avez commencé à vous aider vous-même, en trouvant la volonté de le faire, le pouvoir s'infiltre en vous et ça commence à tourner de mieux en mieux. Et vous pouvez aller très loin dans cette direction car vous êtes faits pour cela, c'est le sens même de votre vie. C'est tout le sens de l'existence humaine qui s'éclaire quand ces cinq mots deviennent votre réalité de tous les jours.

Pourquoi ? Mais nous l'avons dit dès le début de ce livre : le pouvoir est en vous. C'est donc en vous qu'il faut en déclencher le feu, et croyez-moi, ça sera un sacré feu d'artifice… ! L'embryon de cette forme de volonté est déjà en vous. Et dans ce livre, je ne vais faire que vous montrer comment elle fonctionne et se développe quasiment toute seule, une fois que vous aurez compris comment ça se passe dans la conscience.

Rappelez-vous la profession de foi du guerrier toltèque, elle commence par la phrase : « J'ai déjà reçu le pouvoir qui gouverne mon destin. » On ne peut pas être plus clair !

LE DIAGRAMME TOLTÈQUE DU CHANGEMENT

Il existe dans le chamanisme toltèque un diagramme qui représente les diverses étapes qui vont nous guider dans la mise en place d'une stratégie du changement dans laquelle viendra s'articuler la clé de la volonté qui nous amènera au succès, quelle que soit la difficulté initiale de changement que nous souhaitons (Tableau. 2).

Le désir de changer (fig. 2)

C'est la première étape du changement. Sans désir, il n'y a pas de vie, sans désir, le monde ne bouge pas, il n'existerait même pas.

Vivre sans désir est une jolie théorie spirituelle qui peut à la rigueur aider certains méditants à tuer en eux l'avidité, mais j'ai connu un bouddhiste qui passa vingt ans de sa vie à vouloir tuer le désir. À la fin, épuisé, il rencontra une jolie nonne dont il tomba fou amoureux et fut obligé d'arrêter de vouloir tuer le désir pour pouvoir vivre avec elle un amour joli et intégral, de chair et d'esprit qui, vingt autres années plus tard, irradiait encore le plus beau des désirs : celui de se rendre mutuellement heureux.

Il me confia les paroles suivantes : « si nous croyons au conseil du Bouddha, par ailleurs un chic type *(sic)*, nous allons bien devoir « désirer tuer le désir » et ça, indépendamment du fait d'être absurde, ne se fait pas tout seul, il faut le vouloir ! Ce désir m'a rongé pendant les vingt premières années de ma vie d'adulte, je me suis enfin rendu compte que tout désir procède directement du désir de vivre et que pour déraciner vraiment le désir, il faut cesser de désirer vivre. Mais par ailleurs le bouddhisme ne cesse de nous dire que la vie est si belle, comment, dans ce cas, ne pas désirer la conserver ? C'est incompréhensible ! Par ailleurs, s'il ne faut rien désirer, on ne peut pas désirer devenir un être spirituel et s'élever dans la conscience, ce qui est pourtant le plus noble des désirs. C'est extrêmement cérébral ce truc, ne confondons pas paradoxe et absurdité… ! »

Notons quand même pour tempérer cette déclaration, que dans la seconde partie de sa vie, le Bouddha découvrit la loi du juste milieu et je suppose qu'à ce moment-là, il découvrit aussi la possibilité de désirer sans attachement, ce qui devient plus juste et réalisable. Mais les textes bouddhistes continuent de parler de « tuer le désir » et d'insister sur le fait que la vie n'est que souffrances. Si la vie n'est que souffrances, c'est peut-être parce qu'ils donnent plus d'importance à la première partie de la vie de Bouddha qu'à la seconde. Vouloir tuer le désir, pour moi, c'est vouloir tuer la force initiale de la vie et ce n'est pas étonnant, dans ce cas, que la vie ne soit que souffrances !

L'homme qui n'est pas heureux, quelle qu'en soit la raison, doit nécessairement désirer changer s'il veut devenir plus heureux.

Le désir est la plus grande force qui anime les êtres vivants. Les chamanes pensent que l'Univers est le fruit d'un désir et certains d'entre eux disent que nous, les êtres vivants, sommes les enfants nés du désir qu'éprouva l'esprit (mâle) pour la matière (femelle). Un vrai désir prend racine dans l'âme et pas seulement dans le bas-ventre ou même dans le cœur.

Le lecteur remarquera que ce paragraphe s'intitule : « le désir de changer » et non pas : « le désir de *se* changer », car cela viendra plus tard, quand le candidat au changement (que j'appellerai désormais « l'apprenti ») va découvrir que tout est entre ses mains et non entre celles de son voisin.

Comprendre l'énergie (fig. 2)

Tout important qu'il soit comme impulsion de départ, le désir ne suffit pas pour changer car, comme je viens de le dire, le futur apprenti n'en est pas encore à savoir comment changer. N'ayant pas encore découvert son pouvoir, il ne sait pas qui va changer qui, il n'a donc pas de véritable stratégie.

Comprendre l'énergie permet de reconnaître la nature énergétique et naturelle du besoin de changer, dans ce cas l'apprenti-chamane devient un participant actif du flux de l'énergie cosmique du nagual, ce qui n'est pas un mince avantage. Il est essentiel que l'apprenti comprenne qu'au niveau de l'être humain doté de la conscience de soi, l'énergie qui l'anime s'appuie sur l'insatisfaction, le besoin, le manque, voire la souffrance.

Si ça n'était pas le cas, comme nous l'avons dit plus haut au sujet du désir, rien ne bougerait dans l'Univers car tout le monde ayant tout ce qu'il désire, personne ne ferait rien. Toute activité est motivée par le besoin de combler un manque. C'est entièrement naturel et universel, tout fonctionne comme cela. L'apprenti est seulement quelqu'un qui a une raison un peu plus forte, un peu plus profonde qu'une autre personne, de vouloir agir, bouger, changer.

Il ne désire pas seulement assouvir sa faim ou ses autres besoins vitaux ou combler sa solitude en allant chercher de la compagnie ou monter en grade dans son entreprise, il veut que quelque chose qui se reproduit souvent et le rend malheureux s'arrête. Il veut gagner sa vie plus correctement, il veut trouver l'amour, il veut guérir une maladie qui l'affaiblit, etc. Mais le besoin final est le même : c'est vivre heureux en supprimant un manque, en satisfaisant un besoin, en faisant disparaître une souffrance.

Dans les deux cas, on peut employer le terme général de « changer » quelque chose, et se souvenir simplement que l'une des deux forces suprêmes qui anime l'Univers s'appelle « la force de changement » (voir le gouvernail immanent de l'Univers).

Le monde est pure énergie et, d'une façon ou d'une autre, il est voué au changement. Désirer délibérément changer quelque chose à sa vie, c'est simplement chercher à se couler dans le flux naturel de l'énergie du monde mais avec un but tout à fait personnel et louable, le plus louable de tous même.

Tableau 2. Le diagramme toltèque du changement

1 →	**DÉSIRER CHANGER** Sans désir, l'Univers entier serait immobile.
2 →	**COMPRENDRE L'ÉNERGIE,** **l'Univers est polarisé** Le négatif de la vie est, comme le positif, une expression naturelle de l'énergie de l'Univers
3 →	**COMPRENDRE ET ACCEPTER** que l'on est créateur de sa réalité (anneau de pouvoir) - la source du changement est dans l'âme
4 →	**CHOISIR UNE DÉMARCHE IMPLIQUANT LES TROIS PLANS** (esprit, corps et âme) et s'engager dans le nettoyage du tonal
5 →	**AGIR, AGIR ET AGIR** Pratiquer en toutes circonstances et constamment les techniques de changement
6 →	**FONDER LE DÉVELOPPEMENT DE LA CONFIANCE EN SOI** sur une image dynamique de soi (vivre c'est apprendre et progresser, c'est passer toujours du - au +)

Sans insatisfaction pas de satisfaction. L'énergie de l'Univers a un fonctionnement bipolaire.

Il est important que l'apprenti soit bien conscient de cela car, d'une part, cela lui évite d'être « insatisfait de son insatisfaction », c'est-à-dire de se plaindre parce qu'il a besoin de changer et parce que quelque chose d'important lui manque. Il devrait même arriver à se dire qu'il a de la chance, car plus grande est l'insatisfaction plus grand sera le progrès personnel accompli pour la transformer en satisfaction.

S'engager dans une démarche de progrès personnel s'avère être en réalité un procédé pour s'affranchir du poids écrasant de la force de permanence et se mettre dans le flux naturel de la force de créativité cosmique de façon consciente, c'est donc développer du pouvoir à l'état pur.

Comprendre le fonctionnement de l'énergie va aussi permettre à l'apprenti de ne pas culpabiliser, de ne pas se sentir anormal, rejeté de la vie, pathologique, parce qu'il s'engage dans une démarche personnelle de changement. Tout au contraire, en voyant autour de lui tant de personnes qui ne se connaissent pas elles-mêmes, subissent leur vie et ressassent leurs problèmes sans lever le petit doigt pour changer quelque chose en profondeur, il va se sentir favorisé et se considérer, à juste titre, comme enfin responsable de sa vie.

Réaliser que nous sommes les créateurs de notre réalité (fig. 2)

Nous avons vu dans le chapitre intitulé « la bonne nouvelle » que l'énergie créatrice de l'Univers n'est nulle part ailleurs qu'en chacune des créatures qui l'habitent. C'est notre façon personnelle d'utiliser notre conscience qui manifeste les fluctuations de cette créativité.

Les chamanes toltèques ont découvert que notre conscience fonctionne selon un processus circulaire (fig. 3 – l'anneau de pouvoir). Ce processus montre que chaque individu crée sa propre réalité dès sa naissance en extrayant de son environnement un certain nombre d'informations auxquelles il attribue des valeurs et un sens, à travers des filtres qui orientent son attention de façon sélective et qui constituent peu à peu sa personnalité.

J'invite le lecteur à prendre le temps de bien étudier l'anneau de pouvoir car il est une clé majeure de toute transformation existentielle.

Bien que dirigé par la mémoire pour maintenir l'individu dans la permanence, ce processus est qualifié « d'anneau de pouvoir» parce qu'en fait il démontre un véritable pouvoir de création de réalité, mais totalement inconsciente et surtout répétitive. Les chamanes toltèques appellent une conscience qui fonctionne majoritairement ainsi une conscience enfermée.

Dès que nous comprenons le fonctionnement inconscient et fermé de cet anneau, nous pouvons le faire devenir conscient pour qu'il s'ouvre et pour cela, changer nos façons de penser, de ressentir, d'agir et vivre ainsi de nouvelles expériences qui, naturellement, feront changer les filtres et nous comprendrons alors que ces filtres ne nous appartenaient pas. C'est ainsi que nous pourrons vraiment changer et cesserons de ressentir nos souffrances et nos manques comme une fatalité insurmontable.

Cette étape n° 3 du diagramme de changement est réellement décisive car c'est en comprenant le fonctionnement de l'anneau de pouvoir que l'apprenti ressent pour la première fois qu'il possède en lui un pouvoir de changer ce qu'il désire changer parce que l'anneau lui montre que ce qu'il vit en bien-être comme en mal-être est directement la conséquence de ses filtrages, que les causes de ses insatisfactions sont donc en lui et non en dehors de lui, mais qu'en même temps cette responsabilité est aussi une énorme liberté.

Il ne lui reste plus qu'à affronter la puissance de la mémoire, lutte pour laquelle il trouvera des outils dans les chapitres consacrés au nettoyage du tonal, et à contacter son âme, champ de tous les possibles et réservoir de tous les scénarios de vie dont il peut rêver.

Choisir un chemin qui implique un travail sur les trois plans : l'esprit, le corps et l'âme (fig. 2)

Compte tenu que les trois plans de l'être humain sont connectés et interactifs, compte tenu que le corps est une émanation matérielle directe de l'âme, il est évident qu'il convient de rejeter toute démarche de développement personnel, qualifiée ou non de spirituelle, qui n'offrirait pas un travail simultané sur les quatre plans : le plan mental, le plan affectif-émotionnel, le plan corporel et le plan comportemental.

Le candidat au changement retomberait, dans le cas d'un tel choix, dans un déséquilibre qui, au mieux, le laisserait sur place, voué à de petits changements simplement liés aux stimuli qui accompagnent toujours une nouvelle pratique et qu'il pourrait prendre pour des signes de changement, et au pire, qui aggraveraient ses souffrances et son mal-être.

La notion d'équilibre est inhérente au discours de toutes les psychothérapies, de toutes les démarches de développement personnel, aucun thérapeute, aucun chamane, aucun guérisseur ne le niera et cependant bon nombre d'entre elles ne confirment pas le respect de cette exigence quand on analyse leurs procédures avec soin.

Il est donc nécessaire de clarifier ce que l'on entend par « équilibre ».

Dans la vision chamanique de la conscience humaine et de son épanouissement, on la retrouve dans les quatre directions du gouvernail immanent de l'Univers et dans la résolution paradoxale de leurs bipolarités : l'homme est à la fois esprit et matière, donc esprit et corps, il est à la fois mémoire et créativité, il est à la fois tonal et nagual et enfin il est à la fois émetteur et récepteur (le yin et le yang du tao).

Respecter ou rétablir son propre équilibre nécessitera donc de travailler à la fois sur la mémoire et sur la créativité, sur le corps et l'esprit, sur le tonal (la conscience ordinaire) et le nagual (la conscience extraordinaire) enfin sur le masculin et le féminin.

Le chamanisme toltèque répond à cette exigence et tous ses outils, toutes ses pratiques et ses exercices sont voués au rétablissement de cette quadruple harmonie.

Le nagual étant le seul territoire de conscience qui contient toutes les alternatives possibles de scénarios de vie, une psychothérapie ou une méthode de développement personnel qui prétendrait sérieusement apporter le changement sans en prévoir l'accès par l'intermédiaire de l'âme, ne peut pas être pris au sérieux.

De même, le corps engrammant toutes les mémoires négatives expérimentées par l'ensemble esprit-âme, toute psychothérapie ou toute méthode de développement personnel ne passant pas par le corps pour les en effacer, peut être considérée comme gravement incomplète.

Agir, agir, agir (fig. 2)

Cette cinquième phase occupe vraiment une place à part dans la démarche de l'apprenti.

Cette importance vient d'une grande faiblesse de l'homme moderne qui est la première cause d'échec au changement.

Il s'agit du cérébralisme de celui-ci. Ce mot ne désigne pas seulement, comme on pourrait le croire, le fait de donner beaucoup d'importance à la culture intellectuelle, au remplissage de la mémoire avec toutes sortes de connaissances théoriques. Un ouvrier ou un paysan très peu cultivé peut aussi souffrir de cérébralisme, même si l'homme cultivé devrait logiquement en souffrir encore plus, ayant plus de choses à brasser dans son mental.

C'est le mental qui est concerné dans l'hypercérébralisme, celui qui pense, réfléchit, analyse, raisonne et parle.

L'homme actuel, en particulier l'homme moderne, est toujours dans sa tête. Il pense tout le temps, même quand il fait quelque chose avec son corps

L'évolution du cerveau humain, ces derniers millénaires, a été foudroyante. À tel point qu'une véritable coupure, un fossé profond s'est créée entre le vécu mental de l'être humain actuel et son corps, instrument de l'action, d'une part, et son cœur, siège de la volonté et du sentiment, d'autre part.

Il y a là un grave problème de volonté, une coupure entre le mental qui sait, le cœur qui voudrait bien mais qui ne décide pas et le corps qui ne fait pas.

L'individu concerné souffre d'un fractionnement de son être très grave qui va affecter toute son existence, dans tous ses registres.

Ce qui n'empêche pas ce même individu d'affirmer ses convictions au sujet de tout ce qu'il ne met cependant pas à exécution, de les approuver chez les autres, d'aller même jusqu'à se faire valoir verbalement dans les interminables échanges qui constituent sa vie relationnelle et qui, sous l'appellation de convivialité ou de consensualité, dévorent la plus grande partie de son énergie mentale, refermant sur lui un cercle d'impuissance et d'immobilisme totalement inconscient.

Il lui faut donc d'urgence reprendre contact avec une expérience unifiée de son être, dans laquelle toute pensée, toute connaissance, toute conviction serait vouée à être mise en action pour faire de lui le créateur de sa propre existence.

Nous parlerons bientôt de pouvoir et y avons déjà fait allusion dans les chapitres précédents, mais il ne faut jamais oublier que si le pouvoir est déjà potentiellement présent dans ce que nous pensons vraiment et dans ce que nous désirons vraiment, *il ne se manifeste concrètement que quand nous faisons ce que nous pensons, ce que nous désirons et ce à quoi nous croyons, sachant que seul l'acte pensé, désiré et agi développe le pouvoir de l'Intention.*

C'est le passage à l'acte qui est la clé de ce pouvoir.

Nous en développerons la pratique dans les chapitres suivants de ce livre, notamment dans le chapitre XII.

Construire sa confiance en soi sur une image dynamique et évolutive de soi (fig. 2)

La confiance en soi est la clé numéro un du bonheur. C'est le plus puissant fortifiant subtil du cœur, au même titre que l'amour.

La confiance en soi, c'est l'amour de soi, un amour non complaisant, à la fois exigeant et tolérant.

Le cœur puise son courage dans la confiance en soi, il y trouve aussi la persévérance car ses succès précédents ayant justement forgé cette confiance en soi, il en connaît le pouvoir.

Dans la confiance en soi, l'apprenti chamane trouvera aussi l'audace de sortir du conformisme socialitaire pour être vraiment lui-même dans les moments difficiles de la vie, quand il se trouve acculé à la nécessité de grands changements.

La confiance en soi nous manque parce que nous jugeant nous-mêmes à partir de ce que nous sommes dans l'instant présent (une vision statique de soi donc erronée qui est, pour une fois, un mauvais usage de celui-ci) la culpabilité produite par la conscience de nos points faibles la détruit.

Or, comme tout ce qui existe, nous sommes en perpétuelle mutation. Que nous le voulions ou non, nous changeons en permanence !

Ayant compris cette perpétuelle fluctuance que l'énergie impose à toute chose, *l'apprenti chamane peut désormais fonder sa confiance en lui-même non pas sur ce qu'il est à l'instant mais sur ce qu'il est en train de devenir, sur les actes qu'il accomplit pour évoluer, et de ce fait, l'établir fermement sur la conscience d'être en accord avec l'énergie universelle, en perpétuelle évolution comme l'Univers tout entier.*

CHAPITRE VI

La maladie, l'équilibre intérieur et l'autoguérison holistique

> Toute guérison véritable ne peut être qu'une autoguérison car guérir réellement exige un pouvoir que seule possède l'âme…

QU'EST-CE QUE LA MALADIE ? QUE REPRÉSENTE-T-ELLE POUR NOUS ?

Selon la conception officielle de la maladie, fondée sur une séparation du corps et de l'esprit, il y a la maladie du corps et la maladie de l'esprit. D'un point de vue holistique de la santé, s'il y a atteinte de l'intégrité du corps, c'est qu'il y a quelque chose qui ne va pas dans la conscience du sujet.

En médecine holistique, on peut donc passer par l'esprit pour guérir le corps, tout en traitant celui-ci, s'il le faut, de façon séparée et complémentaire, car c'est au-delà même de l'esprit, à savoir dans l'âme, que se trouve la racine de la maladie. Il serait plus exact encore de dire que la maladie résulte d'un manque d'alignement, c'est-à-dire de communication cohérente, entre l'âme, l'esprit et le corps mais que la guérison véritable et définitive implique une reconnexion entre l'esprit et l'âme en passant par le corps.

Or, la seule personne qui peut aller dans l'âme est son propre « possesseur ». Une expression bien ambiguë d'ailleurs car, dans le cadre de la médecine holistique, c'est plutôt l'âme qui a créé un être vivant fait d'un esprit et d'un corps. Un chamane peut faire des manipulations extérieures sur l'âme d'un patient mais il ne peut pas le faire sans la confiance de celui-ci. Cependant, l'âme possède une intériorité, difficile à décrire avec des mots et dans laquelle seul le sujet lui-même peut s'introduire.

L'âme, nous l'avons vu au tableau 4, est une entité individuelle qui, bien qu'ouverte au monde non individuel du nagual, est destinée et attachée à l'être incarné de façon très intime, étant son guide personnel pour l'ouverture surnaturelle à laquelle tout être humain est voué si, précisément, il décide de la contacter à un moment ou à un autre de son existence.

Cette conception de la maladie et de la santé n'est évidemment pas celle de la médecine actuelle qui, toujours imprégnée de cartésianisme, coupe l'homme en deux parties qui seraient, selon elle, totalement étrangères l'une à l'autre. Même si, par-ci par-là, quelques médecins utilisent le terme « psychosomatique » et lorgnent timidement vers une possibilité d'intervention du mental du patient dans la guérison de son corps.

Donc, selon la conception holistique de la santé, celle du chamanisme toltèque notamment, quand le corps est malade, quelque chose dans l'esprit du malade ne va pas bien et son âme, maître de l'esprit, est concernée tout autant.

Il ne s'agit pas nécessairement de troubles mentaux mais simplement, comme le désigne don Juan, d'une vie qui n'est pas « impeccable ».

Qu'est-ce que cela signifie ? Cela veut dire un manque d'équilibre intérieur concernant les façons de penser, de ressentir (émotions et sentiments), de vivre son corps et de se comporter du sujet.

En fait, rien de moins que les multiples facettes de notre vie, en termes chamaniques : nos filtres.

L'autoguérison ou la guérison holistique sont ainsi un mélange de soins physiques et de rééquilibrage de notre fonctionnement psychoaffectif.

Si une telle transformation de la médecine commençait à se mettre en place, chaque médecin du corps se verrait dans la nécessité d'abord de changer ses paradigmes médicaux de base, et ensuite d'élargir son champ de compétences à l'esprit du malade. On n'ose en rêver ! Mais après tout, pourquoi ne pas en espérer et en projeter la possibilité ?

LA MALADIE, CALAMITÉ OU OPPORTUNITÉ ?

D'un point de vue matérialiste, la maladie est évidemment une calamité.

En médecine chamanique, c'est tout l'inverse ! C'est une opportunité, voire une bénédiction.

Nous venons de voir que n'importe quelle maladie a des racines psycho-émotionnelles qui d'ailleurs peuvent être très anciennes et remonter à l'enfance, voire avant la naissance (traumatismes, négligence affective quotidienne, violence, etc.) ou même encore plus loin, dans les mémoires ancestrales qui, d'une génération à l'autre, émergent dans la conscience profonde d'un être sur le point de naître.

Que se passe-t-il à partir de là ?

Très vite et tout petit, l'être humain concerné va ressentir ces mémoires négatives d'origines très anciennes ou récentes, comme des manques, des angoisses sourdes, des peurs, des oppressions diffuses, un mal-être permanent ou cyclique, et, pour les effacer, il va mettre en place, le plus inconsciemment du monde, des raisonnements, des croyances des sentiments, des comportements *compensatoires* et *réactifs*.

Mais un comportement compensatoire et réactif n'étant pas équilibré, il va en susciter un autre de sens opposé, compensatoire du premier, en provenance du sujet lui-même ou de son environnement, le tout entraînant un enchaînement en cascade sans fin qui finira par empoisonner sa vie relationnelle, sociale, professionnelle et détériorer sa santé.

Il faut bien comprendre que dans une telle évolution du sujet, tous les filtres du sujet sont biaisés par les manques et traumatismes initiaux mais cependant *c'est bien lui qui, sans conscience du lien entre les manques et traumatismes initiaux et ses réactions compensatoires, va créer lui-même son malheur, ses maladies, ses échecs.*

Pour être clair, ce ne sont pas les mémoires négatives du début de la vie qui sont la cause de la maladie et de l'échec existentiel mais les systèmes de compensations et les réactions que nous leur avons apportés par manque de conscience du grand principe énergétique de l'Univers: *la dualité dynamique et son corollaire: le système action/réaction. C'est pourquoi nous pouvons nous autoguérir: en comprenant notre capacité de nous construire nous-mêmes un monde négatif et en découvrant, par le chamanisme, qu'un pouvoir négatif, si puissant soit-il peut être transformé en pouvoir positif, nous devenons capables de défaire ce que nous avons fait et de nous créer un autre monde.*

L'amour de soi est au centre de ce dilemme. Dans l'ensemble, l'être humain ne s'aime pas assez, du moins de cet amour non complaisant et non égocentrique qui est un élément fondamental du pouvoir personnel et de l'autoguérison.

En pratiquant l'autoguérison, la maladie est une opportunité formidable de changer cela. Ainsi, celui qui prend cette décision, va s'engager dans un nettoyage de ses mémoires pendant que, parallèlement, il traite son corps par les moyens les plus naturels possibles.

Il en ressortira non seulement guéri physiquement mais libéré de mémoires de nature mentale, émotionnelle, corporelle et comportementale qui bloquaient totalement son accès au bonheur dans tous les secteurs de sa vie quotidienne.

Les chamanes toltèques disent: « ***Toute maladie est initiatique. Il faut en saisir la chance quand elle passe pour monter vers les échelons plus élevés de notre existence et nous accomplir pleinement.*** »

PROCESSUS DE L'AUTOGUÉRISON

Toute forme d'énergie est bipolaire. On peut représenter la courbe de n'importe quel processus énergétique sous la forme d'une courbe sinusoïdale, avec une alternance plus ou moins régulière de hauts et de bas.

Concernant notre tonus vital et notre santé, les sommets de la courbe représentent les moments où nous sommes le plus en forme, et les bas de la courbe, les moments où nous sommes faibles ou malades. Cette alternance est naturelle car derrière la maladie, il y a très fréquemment, non seulement un message mais un besoin de nettoyage à la suite d'une longue période d'encrassage.

Premier pas de l'autoguérison : accepter la maladie

C'est déjà une erreur de se lamenter quand on est malade, *d'abord parce que nous en sommes holistiquement responsables,* et ensuite parce qu'il est totalement naturel que notre énergie personnelle monte et descende, entraînant une remontée et une descente de nos défenses immunitaires.

De plus, le fait de se lamenter, de refuser la maladie, de s'énerver, ne fait que nous affaiblir encore plus. Il faut faire comme le nageur pris dans des tourbillons d'eau ou tombé trop profondément dans un trou d'eau: accepter d'aller jusqu'au fond très calmement et donner un bon coup de pied qui va nous faire remonter à la surface.

La comparaison est un peu dramatique mais si vous êtes malade, il est essentiel d'accepter totalement la maladie. C'est très facile à comprendre : son refus va engendrer du stress, donc un affaiblissement de votre niveau d'énergie qui n'est déjà pas très haut, ainsi que des attitudes et décisions guidées par la peur, l'impatience et la colère, qui seront réactives et mal ajustées à la réalité énergétique naturelle de la maladie. Cette baisse de votre niveau d'énergie va, à son tour, aggraver votre maladie. L'acceptation totale et sereine est le premier pas de l'autoguérison.

Deuxième pas de l'autoguérison : anticiper, imaginer/ désirer et visualiser la remontée de la sinusoïdale de l'énergie

Fondé sur l'acceptation du bas de la courbe énergétique, le premier pas entraîne le second : le bas de la courbe est nécessairement suivi d'un haut si on ne se débat pas comme un fou. Avec légèreté, comme un danseur de votre énergie, lâchez-vous profondément dans l'état de faiblesse, sans complaisance ni masochisme, et visualisez la remontée et le haut de la courbe pour les jours et semaines suivantes, en toute certitude et confiance.

C'est votre esprit qui décide de la guérison, s'il est fort, clair et sans hésitation, le corps suivra parce qu'il a une connexion privilégiée avec votre âme et que vous êtes en train d'aligner l'esprit, le corps et l'âme dans l'axe de l'amour de la vie.

Soyez donc certain que cette maladie, comme toutes les maladies, est une formidable opportunité. Cette visualisation n'est pas que visuelle, c'est une réactivation multisensorielle, une technique de création du futur qui s'apprend en chamanisme et qui implique aussi les émotions.

La différence entre un moral de malade ordinaire et un moral d'autoguérissant est énorme. Chez le premier, tous les sentiments de peur, le doute, le stress provoquent un effondrement décisif des défenses immunitaires qui va précipiter le malade vers le pire. L'autoguérissant utilise son pouvoir, en fait celui de son âme, dont nous allons parler maintenant, pour créer la réalité de son choix : le retour à la santé, même dans des cas assez critiques.

Mais l'autoguérison n'est pas non plus le tour de passe-passe d'un magicien de music-hall. Elle peut prendre des semaines voire des mois dans certaines maladies parce que le corps possède une densité physique, une complexité énergétique et une lenteur réactionnelle à l'esprit qui sont très éloignées de l'énergie de celui-ci. Il faut donc mettre en place le troisième pas du processus d'autoguérison.

Troisième pas de l'autoguérison : l'appel de l'âme

Nous avons vu que notre âme est une porte entre notre tonal et notre nagual, le réservoir infini de tous les scénarios alternatifs de vie, parmi lesquels le retour à la santé.

Penser, simplement penser à son âme est un acte puissant, évidemment s'il est soutenu par une foi totale dans son existence. Mais les chamanes ne se contentent jamais d'un acte uniquement cérébral. Ils l'accompagnent toujours d'un acte sensoriel ou physique, le corps participant à tout ce qu'ils vivent.

Cet appel de l'âme est donc associé à un acte d'attention proprioceptive qui consiste à sentir son corps, du dedans et à sa périphérie, sachant que le corps lumineux est une entité physiquement perceptible. Cet appel de l'âme, mental et sensoriel, s'accompagne aussi d'un profond sentiment d'amour et de confiance exprimé intérieurement concernant le fait que l'âme est là, présente, dans la guérison. On peut répéter cet acte plusieurs fois dans la journée.

Quatrième pas de l'autoguérison : patience et nettoyage du tonal

La patience est aussi synonyme de « confiance » et de sérénité.

Que va faire l'autoguérissant pendant tout le temps où l'âme, l'esprit et le corps sont en train de créer le retour à la vitalité optimale ?

Il va nettoyer ses filtres – c'est le troisième pas de l'autoguérison holistique, le nettoyage du tonal.

Comment cela se fait-il ?

Il y a un mystère étonnant dans les profondeurs de l'être humain considéré d'un point de vue spirituel : le simple fait de s'engager dans une procédure holistique d'autoguérison, en sachant que l'appel à l'âme en est la clé, entraîne une remontée de tous les filtres bloquants issus des attitudes, pensées et sentiments compensatoires que nous avons mis en place durant toute notre vie pour réagir aux mémoires négatives initiales de celle-ci.

Conscients d'avoir une âme et simplement en pensant à elle, nous voyons émerger peu à peu, par petits morceaux, toutes les mémoires bloquantes de notre vie. Nous découvrons notre honnêteté intérieure que les chamanes toltèques appellent « implacabilité ». Nous n'avons plus du tout envie de nous mentir à nous-mêmes, notre ego qui refusait jusque-là de reconnaître nos points faibles, cède enfin.

L'acceptation profonde et confiante de la maladie fait émerger naturellement une honnêteté spécifique à cette situation, comme si la purification du corps en train de s'opérer entraînait la purification de l'esprit. À son tour, le démarrage du nettoyage des filtres va accélérer la guérison du corps, c'est encore un processus circulaire !

C'est une forme de lâcher-prise profond et libérateur : nous n'avons plus envie de prouver quelque chose à nous-mêmes et aux autres. Nous acceptons notre faiblesse, conscients que cette acceptation est en fait le signe d'une grande force !

Nous pouvons alors laisser émerger des souvenirs visuels de circonstances où nous avons dépensé de l'énergie en vain, sur les quatre plans, et émettre l'intention ferme de les éliminer de nous avec de profondes respirations et un grand soulagement — c'est une sorte de mini récapitulation (voir explications détaillées au chapitre XII).

Nul besoin d'un psychologue pour aller nettoyer tout cela, la maladie est notre plus grande amie et thérapeute. Il suffit en premier lieu nous l'avons vu, de l'envisager tout simplement comme ça : une formidable opportunité de changement profond pour enfin aller plus loin dans notre champ de possibilités existentielles et connaître un bonheur durable. Cette acceptation, répétons-le, est l'essentiel de la procédure.

Le nettoyage du tonal qui s'amorce là ne sera pas terminé au moment où nous aurons retrouvé la santé mais sera bien sûr poursuivi dans le cours d'une nouvelle vie.

La maladie est une petite mort et l'autoguérison holistique est une renaissance. Les chamanes utilisent beaucoup les crises et maladies pour élargir leur champ de conscience.

C'est « l'art sans limite de renaître à soi-même ». Toute crise existentielle, dépression psychologique, période d'échec, traversée du désert, peut être utilisée ainsi pour grandir en conscience et, bien sûr, en responsabilité, donc en liberté.

L'habitude d'utiliser ainsi le négatif de la vie transforme profondément la valeur de l'existence humaine qui devient plus jubilatoire, plus intense sensoriellement et sensuellement. C'est l'élément central de ce que les chamanes appellent « vivre en guerrier de l'esprit ».

L'HOMÉOSTASIE, MÉCANISME AUTONOME D'ÉQUILIBRE INTÉRIEUR DU CORPS.

Cet équilibre intérieur, que l'homme peut rétablir lui-même lorsqu'étant malade, il décide de s'engager dans une autoguérison holistique, existe initialement dans son corps sur un plan en grande partie inconscient donc autonome mais, à force de ne pas respecter sa propre nature, l'homme en a quasiment perdu le bénéfice.

L'éveil écologique actuel se devrait d'insister sur le fait que la nature est tout autant dans l'homme lui-même que dans les forêts et océans. En retrouvant notre nature intérieure, nous serons naturellement beaucoup plus portés à respecter la nature extérieure. En déconnectant l'homme de la réalité concrète, l'intellectualisation croissante de la conscience humaine est en grande partie responsable de cette perte. Cet équilibre intérieur porte un nom en médecine : *l'homéostasie*.

Un système homéostatique est composé de deux sous-systèmes qui ont chacun une fonction opposée et complémentaire à celle de l'autre sous-système. Par exemple, le système veineux emmène le sang chargé de déchets vers les émonctoires et, à l'opposé, le système artériel apporte du sang neuf et nourricier aux organes. Je ne rentrerai pas dans les détails plus complexes de la physiologie du corps humain car ce n'est pas l'objet de ce livre, l'essentiel ici étant de montrer le fonctionnement binaire et homéostatique du corps.

Quand l'un des deux sous-organes dépasse certaines limites (ou va au-dessous de certaines limites) de son taux de fonctionnement, des neurotransmetteurs ou des signaux bioélectriques sont envoyés de la partie du corps concernée par cette fonction vers l'autre sous-organe pour l'avertir d'intensifier ou d'atténuer son fonctionnement en proportion nécessaire pour rétablir l'équilibre vital entre les deux sous-organes. C'est donc bien un système circulaire d'équilibre autorégulé qui fonctionne ici.

De la même façon, des signaux par neurotransmetteurs ou bioélectriques sont aussi normalement envoyés du corps vers le niveau conscient du cerveau pour demander à celui-ci d'agir pour accélérer, ralentir, arrêter, reprendre une fonction volontaire (se nourrir, boire, s'abriter du soleil ou du froid, jeûner, se reposer, s'agiter…) pour conserver la santé du corps mais l'homme s'est tellement éloigné de sa nature et de son corps qu'il ne sait plus écouter ces innombrables signaux et qu'il agit le plus souvent dans beaucoup de domaines de sa vie quotidienne à contresens de sa santé et de son bien-être, par des interventions artificielles.

Par exemple, il n'a pas vraiment faim, aucun neurotransmetteur en provenance de son corps ne lui envoie un signal qu'il serait bon de manger mais comme il s'est programmé socialement pour manger à des heures fixes, et que tout le monde se met à manger, il mange et se fait plus de mal que de bien. De nombreuses routines, dont un grand nombre d'origine socialitaire, sont à l'origine de ces comportements humains dénués d'écoute intérieure de l'équilibre autogéré du corps et finissent par remplir les hôpitaux de personnes qui chercheront en vain hors d'eux-mêmes la cause de leurs souffrances.

De multiples organes du corps humain ont un fonctionnement homéostatique et s'autorégulent eux-mêmes pour assurer la santé de celui-ci, en voici quelques exemples :

– *le système sensorimoteur* : il relie la partie motrice du cerveau à sa partie sensorielle (l'une émettrice et l'autre réceptrice) en passant par tous les récepteurs sensoriels des membres, de la peau et des quatre autres sens (vue, ouïe, odorat et goût). Le cerveau moteur envoie un ordre à un membre pour accomplir un acte et le système sensoriel renvoie une information du membre au cerveau pour l'informer que le geste est efficace.

- *le système sympathique* dit autonome – il se compose des deux sous-systèmes ortho- et parasympathique – Le système parasympathique calme, détend, relaxe et met au repos tous les organes et tissus impliqués dans la survie physique du sujet et le système orthosympatique, au contraire, excite, met en alerte, stimule l'arrivée de sucre et d'oxygène vers ces mêmes organes pour attaquer ou fuir. Ces deux sous-organes travaillent ensemble à maintenir un équilibre fragile mais vital entre les deux types opposés de comportements de survie, tout aussi nécessaire l'un que l'autre ;
- *le système du pH (potentiel hydrogène)*: biochimiquement, l'une des caractéristiques dualistes de la matière organique du corps, notamment du sang, est son pH. Il peut être soit acide, soit alcalin, mais il est impératif que le pH du sang (ou du milieu digestif) soit maintenu à un certain équilibre (6,9 pour le sang par exemple) équilibre sans lequel la santé se trouve compromise.

  Toutes sortes de signaux envoyés par neurotransmetteurs sont échangés entre certaines parties et organes du corps et d'autres pour compenser rapidement (par captation de calcium dans le squelette par exemple) une hausse excessive d'acidité dans certains organes vitaux.
- *le système métabolique* : il se divise en deux sous-systèmes : l'anabolisme qui assure la reproduction, partout dans le corps, de nouvelles cellules destinées à remplacer les millions de cellules usées qui à chaque instant son éliminées et rejetées dans les émonctoires par le sous-système catabolique. Ainsi, un équilibre doit être maintenu entre destruction et construction

de cellules grâce à une communication permanente entre les deux sous-systèmes de fonctions opposées et complémentaires.

- *le système immunitaire* : notre corps est défendu en permanence par le système immunitaire qui comprend lui-même des organes producteurs d'hormones qui elles-mêmes stimulent la production de combattants antibactériens et antivirus appelés sommairement globules blancs. Des neurotransmetteurs sont envoyés par un organe malade au système immunitaire et quand il est guéri d'autres sont envoyés pour envoyer l'ordre de cesser les interventions de défense. Les principaux organes concernés par cette fonction sont les glandes surrénales, la rate et les intestins. Dans un certain nombre de maladies, l'homme devrait faire confiance à son corps et, considérant que la maladie est naturelle et prévue par le système homéostatique du corps, devrait laisser son système immunitaire faire son travail. Mais à cause de la peur, de l'interventionnisme médical, il se bourre de médicaments et passe à côté des bénéfices de la maladie : nettoyage et prise de conscience de ses excès et déséquilibres. Il accélère ainsi l'affaiblissement de ses défenses immunitaires court-circuitées dans leur fonction naturelle et qui finissent par devenir totalement inefficaces.
- *le système de régulation thermique du corps* : la température idéale du corps avoisine 37 °C. Quand nous avons trop chaud ou trop froid tout un système de capteurs avertit le cerveau pour conserver cette température, se chauffer, rafraîchir le corps, boire pour compenser la dépense d'eau, trembler pour se réchauffer, se découvrir, transpirer, etc. Le corps avertit alors le cerveau que tout va bien ou que la température est descendue et celui-ci envoie des ordres aux organes intervenants de cesser leur action.

Bien d'autres systèmes d'autorégulation de type circulaire existent chez l'être humain mais le plus important de tous est celui qui relie sa conscience à son corps et que nous allons voir maintenant.

L'ANNEAU HOMÉOSTATIQUE CORPS/ESPRIT (fig. 6)

L'homme, de façon universelle, cherche le bonheur, le bien-être, la santé et la réussite personnelle ainsi que l'amour. Ces besoins, toujours présents à sa conscience, devraient normalement l'inciter à découvrir la loi de l'équilibre omniprésente et surtout omnipotente dans tous les secteurs de sa vie sans exception et l'inciter à la quête de sa plénitude. Le secret de cette plénitude est, encore une fois, de forme circulaire.

Les chamanes ont compris depuis des millénaires que tout système, tout être organisé, est régi par des processus circulaires d'équilibre autorégulé.

Fig. 6. L'anneau homéostatique Corps/Esprit.

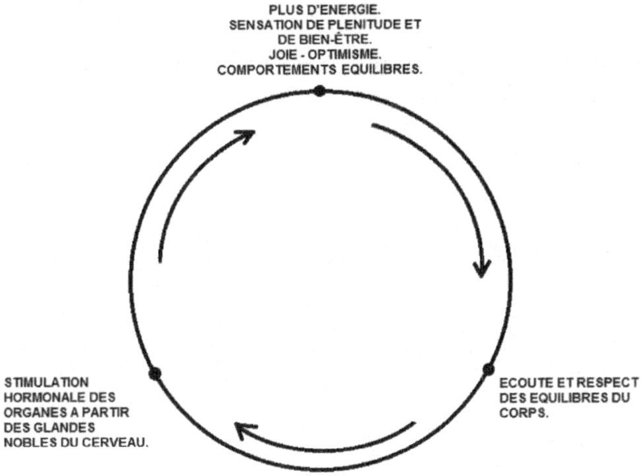

Un grand chamane amérindien du début du XXe siècle, Élan noir, disait : « Tout ce que fait l'Univers, il le fait dans un cercle. » Il est étonnant que nous ayons perdu le contact avec une vérité aussi universelle et dont la connaissance et la maîtrise sont tellement importantes pour construire ce bonheur que nous désirons tant et dont l'ignorance de cette seule vérité nous éloigne tellement !

Des glandes qui se situent au centre de notre cerveau (hypophyse, épiphyse, hypothalamus) émettent, lorsque nous agissons en accord avec cette loi et que nous respectons tous les équilibres de notre corps, des hormones euphorisantes dont l'action se traduit dans le corps par des sensations d'énergie, de plénitude, de bien-être qui portent le sujet vers des comportements encore plus équilibrés ce qui, en retour favorise cette émission d'hormones. La boucle est bouclée, c'est le premier anneau homéostatique de l'homme considéré dans sa nature holistique.

Quand cet anneau fonctionne de manière régulière, il est évident que tous nos secteurs de vie s'en trouvent optimisés : bien-être, amour, travail, vie relationnelle, etc.

Non conscient de ce fonctionnement circulaire, nous ne pouvons que subir notre existence et c'est pourquoi le nettoyage du tonal a été mis au point par les chamanes toltèques pour permettre à l'homme de maîtriser sa vie beaucoup mieux. Nous allons voir maintenant comment la maladie et la guérison sont abordées par le monde moderne.

CHAPITRE VII

La maladie, la santé et le monde moderne

La maladie est actuellement sur la terre, l'une des deux plus grosses sources de profit et comme nous vivons dans un monde dominé par l'économisme dont le principe essentiel est le profit et la circulation de l'argent et que tous les grands responsables politiques, scientifiques et industriels de ce système sont directement impliqués dans sa dynamique mercantile, l'homme ne peut qu'être de plus en plus malade !

Pire encore ! Quasiment tous les êtres humains participent, par leur consumérisme et par leur force de travail, à propager et à entretenir ce qui dans les aliments, vêtements, habitations, objets utilitaires, véhicules, les empoisonne et les rend malades, donnant ainsi leur argent une première fois pour le redonner une deuxième fois au monde médical, qui, les trois quarts du temps, les achèvera après les avoir longuement maintenus dans l'illusion d'une guérison possible.

La santé ne rapporte rien, elle est donc exclue de notre monde actuel, sauf en belles et vaines paroles.

Cependant, on ne peut pas tout critiquer dans la médecine officielle, loin de là !

Tout d'abord, dès la fin du XIXe siècle, elle a créé une prise de conscience capitale concernant l'importance de l'hygiène de vie qui était encore, à cette époque, quasiment médiévale.

Ensuite, elle a permis de développer une extraordinaire connaissance de l'anatomie et surtout de la physiologie humaine qui constitue d'ailleurs, avec la biologie cellulaire, une formidable avancée dans la connaissance des processus pathologiques.

Enfin, associée à la technologie, elle a permis de mettre au point beaucoup d'appareils d'investigation, de contrôle et de dépistage des processus pathologiques qui perturbent le bon fonctionnement du corps humain.

Connaître et comprendre le fonctionnement du corps humain et des maladies qui le touchent semblerait donc le grand avantage de cette médecine dite moderne s'il n'y avait un « hic » : sa vision matérialiste et mécaniciste de la pathologie qui limite de façon considérable ses concepts étiologiques et finalement son efficacité.

- Dans cette médecine, le corps et l'esprit ne sont pas considérés comme interdépendants et chacun d'entre eux est traité séparément sans établir de lien de cause à effet qui pourrait éclairer l'origine des maladies. Ce n'est que le premier mais le plus grave inconvénient de cette médecine. Il y en a d'autres. Nous ne reviendrons pas sur son mercantilisme surtout lié à son mode thérapeutique allopathique dominant qui la rend dépendante des laboratoires pharmaceutiques.
- C'est le plus souvent une médecine non étiologique car sa vision du fonctionnement du corps est analytique donc parcellaire. Elle ne considère pas le corps comme un ensemble dont toutes les parties sont interdépendantes, chacune pouvant, sans le moindre rapport organique apparent, intervenir sur le bon fonctionnement d'un autre. Cette médecine traite beaucoup plus souvent le symptôme que la cause.
- C'est une médecine, qui, naturellement influencée par son mercantilisme sous-jacent, normalise la maladie, ce qui est une chose grave et profondément

préjudiciable pour l'homme. Par la publicité, par les films de télévision, par le cinéma, par les magazines, la maladie est de plus en plus présentée comme faisant partie du quotidien de l'homme. Certes, je le dis dans une autre partie de ce livre, d'une certaine façon, la maladie, de façon ponctuelle et épisodique, est naturelle, mais par contre, en développer à ce point la normalisation a le pouvoir énorme d'affaiblir l'esprit de l'être humain, de l'amener à renoncer peu à peu à l'état de tonicité, de bien-être et d'optimisme lié à l'état de santé dans lequel l'homme devrait le plus souvent se trouver et qui est le fondement psychologique de l'amour de la vie auquel l'homme doit naturellement aspirer.

- Cette normalisation favorise l'ambiance d'assistanat généralisé donc d'irresponsabilité et d'immaturité des hommes.
- C'est une médecine systématiquement interventionniste (et pour cause ! Voir encore le mercantilisme ambiant) qui ne tient dans l'ensemble aucun compte du pouvoir homéostatique du corps. Beaucoup de petits maux physiques sont en effet, tout de suite « médicamentisés » alors que quelques recommandations d'hygiène de vie : alimentaire, sportive, respiratoire, un peu de jeûne, pourraient permettre au corps d'entretenir son pouvoir naturel d'autoguérison, ou de guérir naturellement en engageant le « petit malade » à respecter tout simplement un peu plus son corps.
- Ce n'est pas une médecine préventive (encore la même raison mercantiliste !) mais uniquement curative. Les prétendues mesures médicales appelées « préventives » sont en réalité des façons d'engager les gens dans une normalisation de la pathologie, en les préparant à être « peut-être » malades mais surtout, et c'est beaucoup plus pervers, en les travaillant au ventre avec la peur, avec l'effet nocebo dont les médecins connaissent bien le pouvoir mental et émotionnel sur le corps.

– Cette médecine ne personnalise pas l'analyse de la pathologie du patient ni bien sûr le diagnostic et les soins. Or, tout individu étant unique, il se peut que tels symptômes chez une personne n'aient pas la même étiologie que les mêmes symptômes chez une autre personne, ou inversement, que des symptômes différents d'une personne à l'autre aient en fait la même cause. Dans le monde moderne qui est une civilisation de robotisation des individus, une telle médecine favorise l'uniformisation des personnalités, ce qui va totalement à l'encontre du développement spirituel de l'humanité.

Cela fait beaucoup d'inconvénients. La médecine doit évoluer d'urgence, d'abord en se libérant du pouvoir financier des laboratoires, ensuite en se dégageant des dogmes et croyances de la technologie et du scientisme, enfin par un gros travail sur l'ego des membres de la profession médicale. La santé des êtres humains, ce n'est pas de la marchandise, de la vaisselle, des voitures, du terrain, des immeubles. Soigner l'homme est un des métiers les plus nobles qui existent, si ce n'est le plus noble avec celui de favoriser l'ouverture de la conscience.

Il faut aider nos médecins à guérir de leur dogmatisme scientiste, de leur foi naïve dans l'allopathie et la techno-médecine, à guérir de leur conception fragmentaire de la pathologie et de leur ego pour qu'ils puissent ensuite guérir réellement leurs patients. Il faut les aider à se guérir du matérialisme pour qu'ils puissent à nouveau reconsidérer chacun de leurs patients dans sa dimension holistique et triple : corps, esprit et âme et enfin pour qu'ils retrouvent le bonheur profond de maintenir la santé des hommes et non pas d'entretenir leur maladie.

Seconde partie

LE NETTOYAGE DU TONAL

CHAPITRE VIII

Du tonal au nagual, nettoyage et ouverture

Nous avons vu dans les chapitres précédents que l'homme, pris dans sa totalité est constitué d'une trilogie :

- un champ de conscience individuel et ordinaire appelé « tonal » en chamanisme toltèque, constitué d'un esprit et d'un corps, l'un animant l'autre.
- une âme, entité subtile non matérielle et source initiale du tonal, de nature à la fois individuelle et universelle, silencieuse donc considérée par le tonal comme « inconsciente » mais en réalité toute puissante et toute connaissante qui est aussi l'interface et le véhicule du passage entre le tonal et le nagual, troisième champ de conscience de l'homme.
- le nagual, champ de conscience illimité et impersonnel, territoire d'expérimentation et de création de toutes les alternatives de scénarios désirés par l'homme.

Le paramètre commun à ces trois champs de conscience et d'existence est l'énergie.

Tout ce que nous sommes, esprit et corps, conscience et matière, est énergie. Tout ce que nous pensons et ressentons, tout ce que nous voulons et faisons, toutes les activités et fonctionnements internes du corps, nos relations avec le monde extérieur, physique ou psychique, tout cela se résume à de l'énergie. Tout provient et se termine par des processus énergétiques qui se déroulent, étant donné la variété des expressions de l'énergie, selon des transformations successives d'une forme d'énergie à une autre, même entre le corps et l'esprit et dans le sens opposé de l'esprit au corps.

Le bonheur est un ressenti mais il est aussi une source d'énergie et inversement, il peut être produit par une série de transductions biochimiques et bioélectriques se produisant dans diverses parties du corps et des systèmes sensoriel et hormonal.

Les chamanes toltèques ont clairement compris depuis des millénaires que toute maîtrise de soi passe, pour l'être humain, par une autogestion organisée de ses énergies, une maîtrise qui s'applique à la fois à l'esprit, au corps et à l'âme en les reliant délibérément l'un à l'autre.

D'un point de vue chamanique, ce qui caractérise l'homme insatisfait de sa vie, pour une raison ou pour une autre, se résume toujours à deux choses :

- un énorme gâchis de son énergie ;
- une mauvaise utilisation (placement) de son énergie.

Tout le monde a de l'énergie, même une personne très malade et apparemment très affaiblie. À un instant précis de sa vie, toute son énergie est utilisée pour être malade. Les gens souvent malades dépensent beaucoup d'énergie dans la maladie, ils pourraient la dépenser en bien-être, en joie et en actes créatifs mais ils sont dans un anneau de pouvoir négatif.

La personne qui meurt ne perd pas son énergie à proprement parler, son énergie se déplace ailleurs que dans son tonal, la quantité totale d'énergie de l'Univers est toujours la même

Bien vivre, c'est comprendre, maîtriser et conserver ses énergies et savoir les échanger de façon harmonieuse avec le monde extérieur.

Le travail de transformation existentielle du chamane toltèque, envisagé sous l'angle énergétique a donc à la fois valeur de psychologie, de thérapie et de développement personnel opérationnels et complets, selon l'appellation et l'orientation qu'on voudra lui donner.

Le niveau de conscience à partir duquel le futur guerrier de l'esprit ressent son manque, sa souffrance, bref son désir de changer, étant celui du tonal, c'est tout naturellement à partir de celui-ci et sur celui-ci qu'il va pouvoir agir.

Le tonal est notre incarnation terrestre et, même si l'âme et le nagual font aussi partie de notre totalité, c'est dans notre tonal que se trouvent les mauvaises utilisations d'énergie qui nous poussent à chercher un changement existentiel, et après le changement désiré, ce sera dans notre tonal que nous ressentirons notre plénitude retrouvée.

Certaines voies spirituelles présentent fréquemment la vie terrestre de l'homme comme un lieu de souffrances, de pénitence et d'épreuves. Certes, les souffrances et les épreuves font partie du tonal mais les souffrances peuvent être supprimées et les épreuves totalement positivées donc vécues avec sérénité. En revanche, le concept de pénitence est totalement étranger au chamanisme toltèque et le spectacle de la vie quotidienne d'un guerrier de l'esprit accompli montre à l'évidence que le bonheur et la plénitude en sont l'essentiel.

L'apprenti chamane, une fois décidé pour la démarche toltèque, va donc s'engager dans le nettoyage de son tonal. Le but sera de le débarrasser de toutes les pertes inutiles d'énergie qu'il pourra repérer grâce à une observation distante et honnête de lui-même, et aussi de déplacer des dépenses d'énergie d'une zone à l'autre de son tonal. C'est à partir du tonal progressivement nettoyé que va s'ouvrir le champ de conscience élargi du nagual, grâce à l'intervention de l'âme, contactée par l'apprenti chamane

Dans *Le Second Anneau de pouvoir,* Carlos Castaneda raconte qu'à la suite d'une expédition dans la nature, au centre du Mexique, don Juan utilise une démonstration pittoresque pour lui expliquer comment les apprentis chamanes procèdent pour développer leur pouvoir en nettoyant leur tonal.

Une table, sur laquelle sont posés quelques objets quotidiens hétéroclites (poste de radio sans piles, cuiller cassée, assiette en bois trouée, tire-bouchon sans manche, vieux couteau ébréché, etc.) figurant le tonal encrassé du guerrier, est posée en plein milieu d'une vaste vallée désertique dont l'immensité environnante et sauvage représente le nagual de l'apprenti.

Pour commencer son nettoyage et commencer à contempler la partie du nagual juste en dessous de la table (la première partie à laquelle accède le guerrier au cours de ce nettoyage), Carlos est obligé de balayer tous ces objets inutiles de la table afin de s'y allonger et de regarder en dessous d'elle.

Et don Juan de conclure: «Les guerriers de l'esprit peuvent parvenir à cette qualité d'attention (celle qui mène à la perception du nagual) uniquement après avoir nettoyé leur tonal (le dessus de la table).»

Ces nettoyages du tonal sont au nombre de quatre: ce sont le nettoyage du mental, le nettoyage de l'affectif-émotionnel, le nettoyage du corps et le nettoyage comportemental.

En réalité, le fonctionnement de l'être humain étant holistique, tout nettoyage dans l'un des quatre secteurs a une influence énergétique favorable sur les trois autres secteurs.

Ce travail sur le quotidien pourra peut-être étonner voir décevoir l'apprenti chamane qui s'attend toujours à des démarches plus ésotériques, plus mystérieuses, donc plus excitantes pour l'esprit.

C'est encore un mauvais tour que nous joue le mental. Cela vient du fait que l'être humain a besoin de fantasmer parce qu'il ne sait plus percevoir la nature mystérieuse du quotidien. Vivant une vie nécessairement répétitive, il se laisse emporter passivement dans une attention «dormante» qui laisse tout le pouvoir aux automatismes de la mémoire et ne peut plus percevoir l'étrangeté et la beauté de son quotidien qu'il commencera à ressentir quand il passera dans l'attention-vigile.

Rappelons cette remarque de don Juan qui tente d'éveiller Carlos à l'attention-vigile, celle par laquelle l'homme commence à se libérer de l'emprise de la Mémoire : « Fais attention à tout, la réalité de chaque instant n'est pas ordinaire ! »

Rappelons aussi ce concept métaphysique étonnant des aborigènes selon lequel la conscience toute puissante des êtres vivants *rêve la réalité*, en particulier notre vie quotidienne, le monde matériel qui nous environne et nos propres corps étant une cristallisation rêvée par nos âmes, les états de conscience élargie étant simplement un changement de rêve ou un rêve dans un rêve.

Bien sûr, cela ne peut prendre du sens à nos yeux que si, d'une part, nous acceptons les bases métaphysiques du chamanisme et que nous accordions, à partir de là, un beaucoup plus grand pouvoir à notre conscience, et aussi que nous acceptions que même nos rêves ordinaires ont une réalité dans un monde qui n'a pas besoin d'objets matériels et de corps physiques pour être qualifié de « réel ».

La compréhension profonde du fonctionnement de notre anneau de pouvoir est un premier pas essentiel pour prendre la mesure du pouvoir créatif de la conscience.

Le nettoyage du tonal est comparable au fait de poser les quatre pierres d'angle d'une belle maison dont la toiture et les tours d'angle qui viendront ensuite sont l'accès au nagual.

Bien sûr, les tours d'angle sont plus flatteuses au regard, on les voit de loin, c'est ce qui excite l'envie d'acheter la maison du futur propriétaire qui la visite, les pierres d'angle qui fondent pourtant tout l'équilibre et la solidité de la maison ne l'intéressent même pas, elles sont tellement discrètes et pourtant, le vrai connaisseur qui projette son acquisition dans un futur raisonnable ira les regarder.

De la même façon, le guerrier de l'esprit sait que c'est à partir d'un tonal nettoyé que va s'ouvrir un champ de conscience magique. Le tonal est tout aussi mystérieux que l'âme et le nagual. Et c'est bien le préjugé de sa banalité qui constitue la raison même de notre profond endormissement et de notre impuissance jusqu'à ce que nous décidions de nous réveiller. La découverte des trésors de l'instant présent dont nous parlerons dans les prochains chapitres en apporte une illustration étonnante.

Le nettoyage du tonal est le chemin direct vers notre pouvoir et c'est en s'y engageant que l'apprenti chamane va découvrir sa capacité de le rêver non plus passivement et en en subissant toutes les mémoires qui le font souffrir mais activement, en forgeant librement le scénario de vie qu'il désire vivre.

CHAPITRE IX

Le nettoyage du mental

> Deviens conscient dans ton attention et tu transformeras le train-train de ta vie quotidienne en une chose surnaturelle...

LA CACOPHONIE DU MENTAL

Le nettoyage du mental concerne essentiellement l'usage immodéré que l'être humain fait en général de la pensée et du langage. Quand la pensée et le langage sont sous contrôle, que l'homme sait se consacrer au silence et à la sobriété verbale, les bénéfices qu'il retire de ce contrôle sont inestimables.

Convenons d'abord d'englober dans le terme « attention », toutes les activités psychiques de l'homme : perceptions, identifications mémorielles, verbalisations, analyses, réflexions, raisonnements, comparaisons, valorisations, jugements et enfin décisions.

Notons que par contraste avec un échange verbal, donc « extérieur » entre deux personnes, les chamanes appellent les pensées « dialogue intérieur », entendant par là que quand nous pensons, nous dialoguons avec nous-mêmes. La pensée s'élabore avec des mots, comme le langage. Seules parmi ces activités mentales, les perceptions sont passives-réceptives, toutes les autres étant actives-émissives.

Afin de mieux mesurer la valeur et l'opportunité de cette activité du mental, rappelons-nous ce que sont les mots dont les combinaisons, complexes et multiples, composent le langage et la pensée.

Les mots sont des signes codés, sonores ou écrits qui servent à représenter tout ce qui existe autour de nous (concret) et en nous (abstrait, nos propres idées, ressentis, désirs et réflexions) pour communiquer avec les autres. Tout ce qui existe dans le monde connu de l'homme (son tonal) est descriptible avec des mots.

À l'origine, pour évoluer en partageant les expériences et trouvailles des autres, les hommes eurent besoin de créer ce code, forcément consensuel, c'est-à-dire partagé et compris par tous. Mais on ne pouvait pas donner un nom à chaque arbre, à chaque feu, à chaque plante, à chaque bras ou jambe ou trace de pas, à chaque animal, les mots devinrent donc très vite abstraits, génériques, un seul mot ayant la charge de représenter tout un genre de choses au détriment des différences subtiles ou évidentes entre chacune d'elles, ainsi éliminées pour aller vers une description et donc une pensée généralisatrice.

La sensation personnelle et le vécu intérieur de chaque personne face à chaque objet ou situation vécue furent donc ainsi mis de côté pour les mêmes raisons de simplification au profit d'une communication simple et compréhensible par tout le monde. La nature virtuelle, essentiellement désignative des mots allait parfaitement bien avec le fait de privilégier ce qu'avaient en commun tous les arbres pour laisser de côté ce qu'ils avaient tous de singulier : la pensée généralisatrice et synthétique était en train de naître à partir d'une perception initiale pourtant unique et individuelle.

La communication était en train de créer un monde partageable en termes de description mais non partageable en termes de vécu intérieur et même de perception (un daltonien à qui l'on a désigné dès sa naissance la couleur d'un objet rouge par le mot « rouge » et vous qui n'êtes pas daltonien nommez avec le même mot « rouge », une couleur que chacun voit et vit différemment, alors que vous croyez vivre et voir la même chose).

Le mot, la phrase, le raisonnement sont donc une représentation des choses et des phénomènes qui fait abstraction des différences entre toutes les choses du même type et de leurs détails pour transmettre *une idée* de ces choses. Un mot est aussi réducteur et généralisateur qu'un symbole. Une idée peut passer d'un esprit à l'autre sans que la chose qu'elle représente ait besoin d'être là. Le langage et la pensée se libèrent ainsi de l'instant présent, ils permettent de visualiser le futur et de revoir le passé *alors que l'objet ou le phénomène réel qu'ils représentent est rivé dans le présent.*

Ainsi, la mémoire, déjà présente éternellement dans l'organisation de la matière, faisait un bond en puissance dans la conscience des premiers êtres pensants qui créèrent le langage, grâce à l'émergence de la pensée langagière. Celle-ci s'enrichissait parallèlement à l'enrichissement du langage. Ce furent les débuts du dialogue intérieur, la conversation avec soi-même, le fait de penser.

Mais, comme le dit Korzybski, le père de la sémantique, « la carte n'est pas le territoire », autrement dit, le mot n'est pas la chose. Le virtuel n'est pas le réel, il est une version doublement abstraite du réel, doublement parce qu'il n'est pas matériel et concret comme le territoire et aussi parce qu'il n'en est qu'une version très simplifiée et surtout généralisatrice du réel.

Un philosophe américain du nom de John Sapir décrit cet effet terriblement réducteur que le mode verbal impose à notre conscience de vivre: «*L'homme ne vit pas dans l'ensemble du monde mais seulement dans une partie de ce monde, celle que son langage lui permet d'identifier. En réalité, le monde réel de chacun est dans une grande mesure construit et limité par ses habitudes de langage et de pensée.* »

L'homme actuel qui, dans son ensemble, a un recours tellement immodéré et répétitif au dialogue intérieur et extérieur, se rend-il compte à quel point il limite ainsi le champ de renouvellement de ses vécus ?

La pensée et le langage sont le premier niveau de virtualité des êtres humains qui, depuis leur émergence préhistorique, en ont créé d'autres comme l'écriture, la photographie, le cinéma, la télévision, Internet…

Effectivement, actuellement, le mode virtuel commence à dominer la vie des hommes. La nature, base initiale du réel et du concret et source de survie et de connaissance du genre humain, intéresse de moins en moins celui-ci et plus il va vers le virtuel, plus il saccage et souille celle qui pourtant, même encore maintenant, lui donne tant.

Cette gigantesque erreur est payée cruellement par l'homme : son attention vampirisée par le dialogue intérieur, il s'enferme dans la rumination stérile de ses pensées qui, nourries par toutes ses émotions négatives, peurs, regrets, frustrations, culpabilité, amertume, colère, etc., finit par le rendre malade en installant dans sa conscience un stress obsessionnel et permanent qui est à l'origine de 90 % des maladies de notre civilisation. Enfin, l'usage abusif du langage l'entretient dans l'illusion d'une communication qui n'est en réalité que le second renforçateur de son ego.

Voyons comment une affirmation aussi paradoxale s'éclaire pour devenir une évidence.

Même pour des individus partageant la même langue maternelle et le même niveau culturel, appartenant au même milieu professionnel ayant aussi des affinités, *personne ne met exactement la même chose derrière le même mot.*

En effet, les valeurs et croyances personnelles, l'éducation reçue par chacun, l'expérience unique de la vie de chaque personne, teintent et nuancent chaque mot qu'elle emploie d'une coloration affective et mentale donc d'une signification unique que, malgré sa vocation consensuelle, le langage ne peut pas traduire, vu sa nature généralisatrice et son gommage de tous les détails et nuances qui n'appartiennent qu'au vécu individuel décrit par le mot.

Le mot est à tout le monde, le vécu de la réalité n'est qu'à chaque individu.

Intransmissible et unique, le vécu de chacun derrière le mot de tous pose un problème qui touche en réalité à l'âme de chaque être humain, c'est la vraie raison de la distorsion insoluble entre la carte et le territoire.

De plus, le langage ne peut résoudre aucun problème car, loin de s'ouvrir à la créativité du sujet qui parle, il ne fait et ne peut strictement rien faire d'autre que décrire sa réalité avec un outil qui ne tient aucun compte de l'Unicité de ce problème. En résumé, tout être humain en train de parler ressemble, de façon à peine moins caricaturale à cette dame qui, entrant dans un sauna où je me trouvais voici quelques semaines, s'exclama en refermant la porte : « Oh là là ! Il fait chaud ici ! »

Quand deux personnes parlent ensemble, que se passe-t-il donc dans la tête de l'écoutant ?

Compte tenu de ce que nous venons de dire, il transcrit instantanément dans sa tête ce qu'il reçoit de l'autre à partir du sens personnel qu'il donne lui-même aux mots qu'il entend, tout en croyant de bonne foi comprendre ce que dit son interlocuteur.

Autrement dit, ce n'est pas ce dernier qu'il entend et comprend mais lui-même ! Ahurissant mais authentique et incontournable !

Et que se passe-t-il pendant ce temps, dans la tête de celui qui parle ?

Pour les mêmes raisons de coloration strictement personnelle des mots, *il ne fait lui aussi que se décrire lui-même, croyant a*vec la même bonne foi, décrire objectivement la chose dont il parle, même s'il s'agit de quelque chose de totalement extérieur à lui.

Tout aussi ahurissant, authentique et incontournable !

Chacun est donc parfaitement enfermé dans son mental, tout en croyant communiquer des choses objectives et parfois partager des choses très personnelles avec l'autre.

Cette démonstration, le lecteur m'en excusera, était un peu longue mais nécessaire pour, d'une part, démystifier l'activité incessante du mental et l'abus de communication verbale et, d'autre part, pour en souligner les graves conséquences pour le bien-être, la santé et l'évolution de l'homme.

Mais comme nous l'avons évoqué, ce n'est pas tant la vanité du bavardage intérieur et de l'abus du dialogue extérieur ainsi que l'énorme perte d'énergie psychique et le stress occasionné qui représentent leur plus grave inconvénient mais le fait qu'enfermé dans son mental, quand il se livre à cette débauche intérieure et extérieure de mots, l'être humain n'a aucune chance d'ouvrir son esprit à l'espace créatif de son troisième champ de conscience, le nagual, pour changer sa vie et évoluer.

LE SILENCE INTÉRIEUR, VOIE ROYALE DU POUVOIR

Toutes les voies spirituelles opérationnelles abordent en tout premier lieu le problème du dialogue intérieur et l'abus du mode verbal par des moyens pédagogiques variés mais pas toujours clairs pour le débutant.

Le chamanisme toltèque propose le silence intérieur à travers divers exercices simples qui n'exigent qu'une motivation forte et une certaine persévérance. Des millénaires d'expérience montrent que non seulement la suppression des pensées anarchiques et la raréfaction des échanges verbaux ne nuisent pas à l'intelligence de l'individu, ni à sa vie relationnelle, ni à son efficacité quotidienne, mais que bien au contraire, ils augmentent le bonheur, ramènent la santé et contribuent considérablement à son efficacité en tous domaines, sans compter les bénéfices plus spécifiques.

Il ne s'agit pas de ne plus parler mais de parler juste et quand il faut, de même qu'il ne s'agit pas de ne plus penser mais de contrôler l'activité mentale afin de laisser émerger une source d'information que le mental ne peut pas fournir et dont son hyperactivité empêche l'émergence. «*Penser c'est parler au dedans, parler c'est penser au-dehors, les deux ne sont qu'accumulation de mots dont personne ne partage vraiment le sens mais dont tout le monde se sert et abuse pour finalement tourner en rond dans une description solitaire des choses et rester seul.* » Cette citation d'un maître toltèque résume de façon saisissante toute l'explication sémantique que le lecteur a lue dans les paragraphes précédents.

LES BÉNÉFICES DE LA PRATIQUE DU SILENCE INTÉRIEUR

Ils sont innombrables, mais en voici les principaux :

- **Une économie considérable d'énergie**

Économiser une grande quantité d'énergie mentale qui, compte tenu de la nature holistique du corps humain, se trouvera à nouveau disponible partout où vous vous sentiez fatigué, las, nerveux et fragile jusque-là.

- **Un outil majeur pour l'autoguérison**

Éliminer totalement le stress d'origine psychoémotionnelle lui-même générateur de nombreuses maladies physiques et de mal-être chronique. Le silence intérieur est donc un outil majeur pour l'autoguérison naturelle. Les chamanes appellent le silence intérieur : « le silence qui guérit ».

- **Retrouver son efficacité**

En ramenant régulièrement le sujet dans l'instant présent, la pratique du silence intérieur lui apporte un réalisme qui lui-même augmente l'efficacité dans tous les secteurs de la vie quotidienne.

L'expérience du dialogue intérieur, dont hélas tout un chacun peut témoigner pendant souvent de longues périodes de sa vie, montre à quel point le maelström des pensées nous éloigne de la réalité de l'instant présent en nous la faisant filtrer à travers les expériences passées et les émotions qu'elles ont ancré en nous ou encore à travers des inférences (suppositions élaborées par le mental à partir de généralisations sans fondement – voir l'anneau de pouvoir)

- **Se nourrir sensoriellement de la nature**

Rétablir une connexion nourrissante avec toutes les sources sensorielles d'énergie qui nous environnent par une plus grande présence à ce qui nous entoure.

Tout le monde connaît la raison d'être de nos cinq sens : être informé de la nature de notre environnement pour y survivre mais peu de personnes savent que les couleurs, lumières, formes, sons, odeurs, touchers et saveurs de tout ce qui nous entoure nous envoient diverses énergies qui nourrissent notre corps (certaines d'ailleurs ne sont pas bonnes pour nous, à nous de nous en détourner).

Le fait d'être attentif de façon constante et sereine à ces sources d'énergie simples et naturelles en décuple le bénéfice pour notre santé et notre joie de vivre.

C'est l'instant présent, point de communication entre le temps linéaire du quotidien et le temps simultanéiste du nagual, qui vous introduit dans le grand Mystère de la vie. Lorsqu'entrant dans la rivière vous dites « oh oh ! Elle est drôlement froide », vous venez de perdre, sans vous en rendre compte le moins du monde, une certaine énergie mentale qui ne sera plus à la bonne place dans votre conscience pour percevoir, au-delà de la description verbale, ce qui se trouve derrière le froid de la rivière. Il est intéressant d'expérimenter une autre entrée dans l'eau de la rivière, corporellement attentive et silencieuse, pour le savoir.

Au lieu de rester à la superficie du contact avec l'eau, cette expérience vous entraînera dans la profondeur des choses et chacune de vos sensations deviendra un moment unique au lieu de se dissoudre dans la banalité du quotidien.

- **Penser par soi-même pour grandir et être libre**

Le silence intérieur développe la capacité *de penser par soi-même,* ce qui est la condition indispensable pour devenir soi-même, un désir très profond dont nous ne sommes pas toujours clairement conscients. Cette capacité est pourtant un élément important du bonheur.

Il existe tout autour de la Terre, une couche sphérique d'énergie subtile qui possède la fréquence des émissions du cerveau humain, *un égrégore psychique* qui est fait de la mise en phase des pensées communes à tous les êtres humains.

Chaque espèce vivante, et pas seulement les hommes, a, autour de la terre, cette couche de pensées et d'intelligence collective. C'est pourquoi un nouveau geste découvert par un rat ou un singe à un endroit du monde, est plus ou moins rapidement imité par d'autres rats ou singes de la même espèce se trouvant de l'autre côté de la terre.

Pour les hommes, l'égrégore est beaucoup plus actif encore que pour les animaux à cause de l'intensité d'émission des cerveaux humains, de l'extrême socialité du genre humain et depuis un siècle, des multiples moyens de médiatisation inventés par eux. L'égrégore humain est fait de toutes les idées, opinions et valeurs communes au plus grand nombre des hommes sur la terre

Cet égrégore est évolutif et possède une dynamique interactive qui le relie à chaque être humain. Plus il y a de personnes qui pensent à la même chose, plus l'égrégore est puissant et influent mais plus il est puissant et influent, plus il y a de personnes qui se mettent à penser de la même façon.

C'est l'outil le plus important du lobby mondialiste actuel. Les promoteurs et gens favorables à cette mondialisation de la conscience humaine la présentent comme un grand espoir pour l'installation définitive sur la terre d'une « ère d'amour et de solidarité paradisiaque » *(sic)*. D'autres, moins enthousiastes, rappellent simplement les belles manifestations d'intelligence collective et de pensée unique de Nuremberg ou de Moscou, suivies de dizaines de millions de morts !

En fait, chaque conscience individuelle a deux sources d'énergie mentale : l'égrégore humain d'un côté et l'âme individuelle de l'autre. Elles sont, bien évidemment, de nature opposée et difficilement associables.

Cependant, quand un individu est mûr et a l'habitude de penser par lui-même et, bien que l'égrégore humain véhicule majoritairement des valeurs et des modèles de comportement élémentaires, cet individu peut, avec une certaine distance critique, se brancher ponctuellement sur lui, ne serait-ce que pour savoir comment évoluent ses semblables.

Mais lorsqu'un déséquilibre s'installe chez un individu qui, absorbé puis hypnotisé par le magnétisme de l'égrégore de l'intelligence collective, oublie son âme, il perd sa personnalité et devient un clone, un zombie du système. Dans une société comme celle que nous vivons actuellement, cet homme devient une simple petite cellule totalement privée d'esprit critique servant une grande machine mondiale de robotisation progressive des hommes au service de la matière et de l'argent.

Le mental d'une telle personne a été perçu par les voyants toltèques comme émanant la même couleur et donc la même fréquence que l'égrégore humain de l'intelligence collective alors que, du corps lumineux d'un autre individu dont l'attention est connectée sensoriellement avec son environnement immédiat et qui est proche de son âme, émane une tout autre couleur.

Le mental d'un homme pris par un maelström permanent de pensées et qui s'adonne sans modération au dialogue intérieur semble donc être le meilleur émetteur-récepteur pour se connecter avec l'égrégore humain. Cela concerne, hélas, une bonne majorité de l'humanité.

Le dialogue intérieur est le meilleur récepteur des fréquences de la pensée unique de l'égrégore humain, donc le meilleur moyen d'oublier son âme et donc de ne pas être soi-même. Plus vous êtes présents dans l'instant présent, plus la fréquence de votre mental s'éloigne de celle de la pensée collective.

LE SILENCE INTÉRIEUR ET L'ÉMERGENCE D'UNE NOUVELLE HUMANITÉ

En nous permettant d'écouter à nouveau notre âme, le silence intérieur nous permet de découvrir notre complétude individuelle et, penser par nous-mêmes pour être nous-mêmes prend alors tout son sens.

Ce n'est pas un retrait de la collectivité des hommes, c'est au contraire la base indispensable d'une socialité entièrement nouvelle. Quand tous les hommes, conscients d'être des êtres individuels complets, autonomes et donc libres ce qui, je l'avoue, est un idéal très ambitieux voire utopique, penseront par eux-mêmes, ils ne seront plus réunis par la peur d'être seuls et par la force coercitive et robotisante de l'égrégore humain mais par l'émergence d'une collectivité d'âmes assumant pleinement leurs incarnations et liées par une affectivité silencieuse encore inconnue de nous et préfaçant un nouveau règne humain sur la Terre.

Penser par soi-même n'amène nullement au repli sur soi : c'est en s'enfonçant dans les profondeurs de lui-même, c'est-à-dire dans son âme, que l'individu va pouvoir rayonner amplement vers l'extérieur.

LE SILENCE INTÉRIEUR ET LA CRÉATIVITÉ EXISTENTIELLE

Quand la pratique du silence intérieur fait partie de la vie quotidienne d'un homme, entraînant avec elle la capacité d'être présent dans chaque instant présent, la créativité inhérente à l'émergence de l'âme développe chez l'individu la faculté de répondre de façon toujours plus pertinente aux situations qu'il rencontre.

Son attention, libérée du dialogue intérieur et de l'influence de la pensée collective, doublement ouverte au monde extérieur et à son âme, permet la communication entre son tonal et son nagual dont nous avons vu qu'il était le réservoir inépuisable des alternatives de scénarios de vie dans laquelle cette double ouverture lui permet de puiser. Il n'a d'ailleurs pas à agir ni à demander ni à s'efforcer pour cela, mais simplement à laisser fonctionner cette triplicité tonal/âme/nagual.

L'unicité de la situation concrète, captée par l'attention-vigile dans un instant présent unique, s'harmonise avec l'unicité de l'âme pour rencontrer dans le nagual la réponse unique parmi des milliards, qui va résoudre cette situation et en enrichir le tonal du sujet.

LE SILENCE INTÉRIEUR, LES ÉTATS DE CONSCIENCE ÉLARGIE ET LE « VOIR »

Enfin, le plus important et aussi le plus subtil des bénéfices du silence intérieur concerne l'accès aux états de conscience élargie. Rappelons-nous d'abord que l'esprit est un simple délégué de la connaissance silencieuse de l'âme (nous entendons toujours ici le mot « esprit » par « conscience ordinaire du tonal »).

Presque totalement absorbée par l'activité mentale interne (dialogue intérieur) et externe (communication verbale) notre attention n'offre habituellement aucune disponibilité à cette connaissance silencieuse de l'âme.

Quand nous faisons enfin du silence intérieur et que nous commençons à savoir réduire l'hyperactivité mentale, le délégué se tait pour laisser la place à son maître, l'âme, et celle-ci commence à nous orienter tout naturellement vers des comportements sources de pouvoir et de sérénité.

L'équilibre commence à s'établir sur tous les plans et notamment entre les trois composants de la conscience totale : tonal, âme et nagual.

Si vous savez vous taire, les choses autour de vous prendront vie et vous diront bien plus de choses que tout ce que vous pouviez apprendre ou transmettre avec des mots.

Vous commencerez à savoir et à voir des choses directement, sans les apprendre, *des cadeaux du nagual.* Et avec de l'entraînement, tout le monologue intérieur qui tournoie dans votre tête et les flots de paroles qui sortaient sans arrêt de votre bouche vous paraîtront soudain sans la moindre utilité.

Vous découvrirez avec vos proches une nouvelle forme de communication dont les mots ne seront pas exclus mais où leur choix et leur sobriété prendront une force particulière, ce qui vous donnera un charisme impressionnant.

Quand la sobriété et le silence intérieur deviennent habituels et que vous sentez concrètement la présence silencieuse de votre âme, vous êtes prêt pour les états de conscience élargie qui ne sont en fait qu'une disposition plus maîtrisée à voyager dans le nagual, ce que l'élargissement de votre créativité existentielle avait déjà entamé.

Bien débarrassé d'un certain nombre de filtres mentaux que le silence intérieur élimine spontanément, vous commencerez à « voir » l'énergie des êtres autour de vous, d'abord de façon occasionnelle puis de plus en plus souvent.

LA PRATIQUE DU SILENCE INTÉRIEUR

Ce que d'autres voies spirituelles appellent « méditation » est trop souvent mal expliqué aux apprentis et l'on rencontre ainsi beaucoup de gens qui croient de bonne foi la pratiquer parce qu'ils restent assis sans bouger pendant de longs moments pendant que leur mental continue de cavaler sans même qu'ils s'en rendent compte.

Le silence intérieur est l'arrêt de tout dialogue intérieur. Cela consiste à être là, présent, immobile, assis, couché ou en marchant, sans avoir la moindre pensée, sans nommer ce qui nous environne, ni le comparer, ni qu'il y ait association d'idées entre les objets présents et des images ou situations passées, sans qu'une pensée sans rapport avec l'endroit ne surgisse tout à coup en nous.

C'est une chose assez difficile sans avoir une petite technique.

Il ne faut tout d'abord pas confondre percevoir sensoriellement les objets qui sont là et les penser. Les percevoir est un acte réceptif et passif. En contemplant un arbre ou une tasse, vous n'avez rien à faire : vous vous contentez de recevoir ses couleurs, sa forme, ses ombres et ses brillances, ses mouvements éventuels. Penser à cet arbre ou à cette tasse nécessite d'élaborer une phrase intérieure, une idée, tout un produit sophistiqué des neurones qui est un travail d'émission et qui n'est pas de nature sensorielle, qui n'est pas une image. Voyez-vous la différence ? Elle est fondamentale pour réussir votre pratique de silence intérieur.

Nul besoin de vous asseoir en lotus, comme un moine, les bouts des doigts se touchant pour former un arrondi avec les deux mains, le cou raidi vers le haut. Tout cela est assez formaliste et vous attraperez probablement des sacrés maux de tête avec des résultats fort peu significatifs.

Vous pouvez faire du silence intérieur en toutes circonstances, partout, sans nécessairement prendre des postures formalisées par des statues ou des gravures, *ne prenez pas la forme pour le fond* !

L'apprentissage de votre axe vertical associé au lâcher-prise de votre corps est autre chose, mais il est plus efficace, au début, de savoir pratiquer séparément le silence intérieur et les postures assises (lotus et diamant) car les difficultés physiques de celles-ci vont absorber votre attention et vous ne pourrez pas faire le silence en même temps. Quand vous aurez de l'expérience, vous pourrez éventuellement les pratiquer ensemble.

Voici la technique. Souvenez-vous d'abord que vous pouvez soit être yang émetteur, soit yin récepteur. Pour faire du silence intérieur, il vous faut cesser d'être yang et émetteur et vous contenter d'être yin et récepteur, uniquement de recevoir, acte pendant lequel votre cerveau peut être totalement silencieux.

Si l'on n'utilise pas cette technique, on se heurte au fait que l'attention ne pouvant pas cesser d'être occupée, que ce soit de façon active comme lorsque vous pensez ou parlez, ou de façon passive quand vous contemplez une fleur, on n'a aucun moyen de faire le silence. En utilisant la phase yin passive de l'énergie du cerveau, on peut l'occuper passivement et ça lui suffit, il veut bien, dans ce cas, ne pas penser ni parler, puisqu'il est absorbé par une activité… passive.

Quand vous recevez et seulement recevez les informations sensorielles du monde extérieur, votre cerveau mental peut se taire. Ce n'est pas lui qui, instantanément, réagit à cette émission du dehors, c'est votre cerveau sensoriel qui la reçoit. Votre mental est silencieux mais, et c'est cela qui est essentiel, votre attention est occupée.

La seule décision de ne pas laisser passer l'information sensorielle du niveau perceptuel au niveau mental suffit, car cela demande beaucoup moins d'énergie psychique que de lutter en vain contre les pensées sans recours à la dualité yin/yang.

C'est ce qui fait la différence d'efficacité entre notre technique chamanique et les techniques des autres voies spirituelles qui demandent aux gens d'arrêter de penser, de parler et d'agir *sans donner une occupation passive à l'attention* : ça ne peut pas marcher ou ça mettra trente ans pour obtenir quelques minutes de silence intérieur.

Donc vous décidez d'être seulement yin et de seulement recevoir.

Attention ! Ce n'est pas non plus facile ! Nous sommes tellement hyperémetteurs, penseurs et bavards impénitents ! Mais c'est quand même beaucoup plus facile que les méthodes traditionnelles évoquées ci-dessus.

Vous donnez une occupation à votre attention et en même temps, en un seul exercice, vous en faites deux ! Vous découvrez les trésors de l'instant présent, vous apprenez à contempler tout ce qui vous environne en ne faisant rien d'autre et vous allez découvrir à quel point vous ne saviez pas voir, écouter, toucher, sentir, goûter tout ce qui vous entoure, vous allez réapprendre entièrement à vivre !

Vous pouvez ainsi faire du silence intérieur contemplatif (silence + instant présent) dans n'importe quelle circonstance, en marchant tranquillement dans la nature (bien sûr, le top !) dans les rues, au bureau avec des petits stops de travail appelés « arrêts sur images », dans le métro en attendant votre rame, dans la rame elle-même. Partout ! Absolument partout ! Et même en lotus si vous voulez !

Bien sûr, des pensées vont venir, il suffit de les laisser de côté dès que vous vous en apercevez (le plus vite sera le mieux) avec patience et persévérance et de revenir tout de suite à la contemplation sensorielle.

Découvrez la multitude des petits détails visuels, sonores, tactiles, de tout ce qui vous entoure, en vous absorbant en eux comme s'ils étaient les choses les plus importantes du monde.

Faites des petites séquences, courtes au début mais plusieurs fois, huit à douze fois dans la journée, puis allongez-en la durée. Simultanément, commencez à devenir yin de plus en plus dans vos moments relationnels, en prenant plaisir à l'enrichissement que vous apporte cette attitude de retrait très attentif qui vous rend énigmatique et présent aux yeux de vos interlocuteurs, ce qui augmentera votre charisme.

Vous les écoutez vraiment, ils le voient et c'est tout ce qu'ils veulent le plus souvent et pendant ce temps, vous, vous apprenez le plus grand trésor de la conscience : le silence. La patience et la persévérance qu'il faut mettre en œuvre pour cette nouvelle façon d'utiliser votre attention sont capitales mais cette difficulté est un autre trésor.

Vous pensez peut-être ne pas en avoir assez et peut-être viendra-t-il un moment où vous penserez : « Je n'y arrive pas, je ne suis pas assez persévérant, je n'ai pas assez de volonté ! ». Reportez-vous au chapitre sur l'Intention, en fin de livre, pour avoir la solution à ce problème et une fois que vous aurez compris le secret de l'Intention, *continuez, vous développerez deux trésors à la fois : votre silence et votre pouvoir.*

CHAPITRE X

Le nettoyage affectif-émotionnel

Comme un cheval fougueux tes émotions et sentiments peuvent t'amener très loin sur le chemin de ta vie ou te précipiter dans un fossé au premier virage de la route…

Ce nettoyage a pour but de nous libérer de toutes les émotions et de tous les sentiments négatifs qui chargent notre centre affectif et notre centre émotionnel et qui, se combinant avec les pensées et raisonnements de même polarité, empoisonnant notre conscience, nous poussent à des attitudes et des actes de même nature et finissent, par la relation psychosomatique existant entre le corps et l'esprit, par créer des maladies physiques qui peuvent finalement entraîner notre mort prématurée.

Moteur de tous les secteurs de notre existence, les sentiments et émotions, négatives en particulier, imprègnent profondément notre ego. Le but du nettoyage affectif-émotionnel est donc de nous amener à ce qu'on appelle communément la pensée positive qui se définit comme une tendance générale à regarder en toutes choses et situations, chez tous nos interlocuteurs, plutôt ce qu'il y a de bien, de beau, d'intéressant, d'encourageant que ce qu'il y a de mal, de laid, d'inintéressant et de décourageant, ce regard positif apportant bien sûr, à notre esprit une source d'énergie créative beaucoup plus importante.

Un petit jeu de mots bien connu résume de façon sommaire cette pensée positive : au lieu de dire « mon verre est à moitié vide », il vaut mieux dire « mon verre est à moitié plein ».

Mais les chamanes toltèques mènent le nettoyage affectif-émotionnel qui développe ce regard positif beaucoup plus loin encore que la pensée positive.

Une petite histoire pour illustrer ce propos. Dans les années 1947, le directeur d'une fabrique de chaussures envoya son représentant dans un pays d'Afrique pour y étudier l'éventualité d'un nouveau marché. Deux semaines après son arrivée, ce représentant envoya à son patron un télégramme qui disait : « Rien à faire, ils marchent tous pieds nus. » Le directeur rappela son représentant et laissa tomber son projet mais deux ans après, ayant changé de représentant, l'idée de ce marché potentiel lui revint à l'esprit et il envoya celui-ci dans le même pays pour refaire la même étude de marché. Une semaine plus tard, ce nouveau représentant envoya à son patron un télégramme qui disait : « Formidable ! Ils marchent tous pieds nus ! » Un tel regard ne pouvait que susciter une énergie motivante très favorable au succès, ce qui se confirma dans les années suivantes.

En fait, tout comme une pièce de monnaie, toute situation, toute personne, tout phénomène, a toujours, pour chaque observateur, deux faces mais selon que leur affectif-émotionnel est plus ou moins chargé de mémoires négatives, les uns seront enclins à en regarder la face négative plutôt que l'autre (alors qu'il s'agit de la même situation, de la même personne, du même phénomène) et ils tireront, bien sûr, de ce regard positif un bénéfice existentiel beaucoup plus grand que les autres. En langage de chamanisme toltèque, ils créeront un autre anneau de pouvoir qui prendra en fait la forme d'une spirale.

Nos filtres affectifs-émotionnels déterminent profondément notre vie, suscitant même la mise en place, quand nous nous obstinons à ne pas les changer quand ça ne va pas pour nous, de raisonnements intellectuels d'occultations ou de fantasmes entièrement forgés pour les soutenir.

L'un de mes élèves me raconta ainsi que jusqu'à l'âge de quarante ans, ayant eu un début d'existence plutôt défavorisé, avec tentative d'avortement maternel sur sa personne, semi-abandon de sa mère puis manque total de présence paternelle, il conservait le souvenir d'une enfance et d'une adolescence morne et sans joie. Puis, soudainement, à quarante et un ans, il se mit à pratiquer le yoga et m'ayant rencontré, découvrit le chamanisme qu'il pratiqua avec beaucoup d'ardeur en ma compagnie.

C'est alors qu'il commença, contre toute attente, à se souvenir d'un grand nombre de moments poétiques et agréables vécus dans son enfance, essentiellement dans la nature, où vivaient les nourrices chez lesquelles sa mère le plaçait. Il fut très étonné d'avoir ainsi occulté ces moments de bonheur pendant la plus grande partie de sa vie passée et comprit que cette occultation était directement liée au besoin qu'il avait mis en place, devenu adulte, d'accentuer sa victimisation en se donnant de lui-même une image de « pauvre petit orphelin ».

Décidé, à partir de la quarantaine, à prendre sa vie en main et ayant beaucoup moins besoin de charger ses parents de son mal-être (même s'ils y avaient participé), tout à coup, comme par enchantement, tout son passé émotionnel s'était éclairé sous un autre jour, un nettoyage quasi spontané lié à une nouvelle façon de se responsabiliser de son existence par la suppression d'une image autocompassionnelle de lui-même totalement stérile.

Chez les animaux évolués et chez l'homme primitif, on peut considérer les émotions comme des ressentis de survie : peur pour fuir, colère pour attaquer, jalousie pour assurer la prédominance sexuelle... Par la suite, elles se sont enrichies et nuancées, et avec l'évolution de la conscience et l'amplification de la mémoire, certaines sont devenues des sentiments moins fugitifs, plus influents à long terme, avec l'apparition de la tendresse, de la rancune, du remords, de l'estime et enfin, de l'amour, pendant qu'apparaissait aussi le stress chronique lié à un enrichissement du langage, de la pensée, amplificateurs et conservateurs des stress ponctuels de la survie.

L'amour, tel que nous l'entendons dans son sens durable, noble et associé au don gratuit de soi, appliqué aussi bien à la relation interpersonnelle que comme sentiment spontané de gratitude pour la vie ou de respect pour tout ce qui existe, est certainement apparu dans le cœur des premiers hommes avec les premiers élans spirituels et sous l'influence d'une relation femme/homme fondée non seulement sur l'instinct de reproduction mais aussi sur une affectivité plus profonde et plus subtile.

LE DUALISME DE L'UNIVERS ET LE PARADOXE DE L'IDÉALISME

L'amour a pris une place extrêmement importante dans l'existence de l'être humain, l'amour dans le couple, l'amour dans la famille, l'amour de nos semblables, l'amour comme thème spirituel et cosmique.

Chacune à leur façon, certaines religions en ont fait la clé de leurs enseignements, suscitant un idéalisme a priori très séduisant par son humanisme mais finalement peu opérationnel en termes d'évolution des hommes parce que cet idéalisme fait totalement abstraction du mécanisme énergétique dualiste dans lequel l'amour prend place et dont il dépend. Je m'explique.

L'amour fait partie d'une dualité énergétique dont le second pôle est la haine (ou tout autre sentiment dérivé, comme le mépris par exemple). Or, l'Univers n'existe que comme énergie, c'est-à-dire comme un ensemble innombrable et complexe de polarités dont chacune n'existe que par l'existence de l'autre.

Ainsi, l'amour ne peut exister que si la haine existe. C'est peut-être une idée insupportable pour les idéalistes d'un Univers non dualiste mais, hélas pour eux, cet Univers n'existe pas et ne peut pas exister à moins d'imaginer un monde où l'énergie, c'est-à-dire le mouvement et le changement, n'existeraient pas.

Ce n'est pas l'option ontologique des chamanes pour qui, même dans le nagual (ce que beaucoup de religions appellent «l'au-delà») c'est la dualité dynamique qui fait exister les êtres non organiques.

De plus, une question se pose: si un monde où régnerait l'amour sans partage pouvait exister, ce serait un monde parfait. Or, que pourraient y faire les êtres qui vivraient dans un tel monde où n'existeraient pas les sentiments contraires à l'Amour, où toutes les autres polarités négatives (le manque, l'erreur, l'ignorance, la souffrance, la peur, parmi les plus importantes) n'auraient pas non plus leur place, ce monde étant totalement figé dans une perfection supprimant toute raison d'agir!

La satiété, l'acte juste, le savoir, la sérénité, le plaisir, le bonheur parmi les états positifs les plus importants et qui n'émergent dans la réalité de la vie que pour répondre réactivement à leurs pôles opposés dans un mouvement de bascule alternatif éternel qui constitue l'énergie même de la vie et la source de son mouvement et de son changement, n'auraient plus lieu d'être!

Cette forme d'amour n'a donc d'existence que dans l'imagination naïve et immature de personnes qui n'ont pas de contact suffisant avec le monde réel tel qu'il est, celui qu'aux yeux des chamanes, il est bon d'aimer même s'il est ambivalent, même s'il comporte de la souffrance, de l'injustice, de l'ignorance et pleins de choses horribles à côté de toutes sortes de choses belles, justes et bonnes, les premières étant le meilleur tremplin pour l'émergence des secondes!

Aussi soupçonné-je même finalement ces personnes, paradoxalement, de se réfugier dans un monde d'amour idéal purement virtuel parce qu'ils n'aiment pas et ne peuvent pas aimer ce monde-ci, celui qui existe réellement, tel qu'il est, comportant la nécessité de s'engager et d'agir pour réaliser ce que chacun pense être le « bien ». Aussi soupçonné-je même finalement ces personnes, paradoxalement, de se réfugier dans un monde d'amour idéal purement virtuel parce qu'elles ne peuvent pas aimer ce monde-ci, celui qui existe réellement. Toute l'énergie émotionnelle généralement investie par ces personnes dans des discours, effusions et dévotions mystico-utopiques n'est plus disponible pour s'engager activement dans un changement positif qui exige un réalisme peu compatible avec cette attitude.

SENTIMENTS, ÉMOTIONS ET DÉTACHEMENT

Le détachement est une notion difficile à appréhender pour l'être humain normal habitué à exprimer ses émotions et sentiments en permanence et surtout à agir très souvent sous l'influence de ceux-ci. Le détachement n'est pas de l'indifférence, ça le serait s'il ne découlait pas d'un travail intérieur consistant en une sorte de dédoublement de la conscience.

Le fondement philosophique du détachement est indispensable pour que s'opère ce dédoublement.

Il consiste tout simplement dans l'acceptation pleine et entière (et pas seulement la compréhension intellectuelle) de la nature universellement dualiste de l'Univers. C'est exactement la position mentale et affective du guerrier de l'esprit dont nous venons de parler dans le paragraphe précédent qui marche sur un chemin qui a du cœur en se nourrissant dans l'instant du plaisir de chacun de ses actes tout en sachant qu'aucune perfection, aucune situation idéale n'est à attendre tout au bout du chemin, celui-ci n'ayant d'ailleurs aucune fin. Pour lui, la perfection n'est pas dans l'aboutissement d'un projet mais dans la qualité de l'attention qu'il accorde à chaque instant passé dans l'action.

Cette attitude développe le détachement mais n'exclut pas, bien loin de là, le plaisir de vivre. Il faut beaucoup de confiance en soi pour vivre ainsi mais, de façon circulaire, le fait de commencer à vivre ainsi va la fortifier car c'est le plus souvent une peur du futur, peur de ne pas réussir, peur de perdre quelque chose, qui ronge la confiance en soi. Or, l'attitude de l'apprenti chamane déplace l'importance accordée au futur dans l'instant présent et, de ce fait, la peur du futur, n'ayant plus rien pour se fixer, se dissout d'elle-même.

LE NETTOYAGE DES PEURS

Tout le travail de l'apprenti chamane toltèque favorise la dissolution des peurs qui ont toutes une même origine.

Le stress est une peur sourde et constante qui ronge en permanence notre réserve d'énergie. On parle beaucoup de stress comme si c'était un phénomène typique de civilisation moderne. Il est vrai que la vitesse, la pollution, le productivisme, la dépersonnalisation des individus par l'égrégore humain, sont des sources récentes de stress qui s'ajoutent au stress éternel du combat pour la survie que mènent tous les êtres vivants depuis toujours.

Mais les peurs ont toutes, sans exception deux sources possibles : la peur de la mort assimilée au néant et la peur de la mort en tant que territoire inconnu ce qui, en définitive, se résume à la peur du changement.

Qu'est-ce que le néant ?

C'est le non-être, le fait de ne pas exister, l'absence de conscience d'exister. Or, premier constat, si l'on peut penser au néant, c'est que forcément l'on existe ! Et peut-on imaginer, purement à partir de l'intellect, ce qu'est le néant ?

Car, bien sûr, ce n'est pas à partir de l'expérience du néant que l'on pourrait le faire puisque le néant étant l'absence de toute existence, de toute conscience, cette expérience, par définition, ne peut exister. Si quelqu'un vous dit qu'il a expérimenté le néant, vous pouvez lui éclater de rire au nez ! quelle que soit l'expérience qu'il a eue, ça ne pouvait pas être le néant. En fait, le néant, c'est l'absence d'existence ! On ne peut pas l'expérimenter, car si c'était le cas, il ne serait pas le néant, puisque l'on ne peut expérimenter que quelque chose qui existe !

La mort est toute autre chose ! Si c'est le néant, celui-ci n'existant pas, elle n'existe pas, donc elle ne peut qu'être quelque chose ! Ce n'est pas un simple jeu d'esprit... Que peut-elle donc être ? Un changement ! L'homme a déjà peur de changer le menu de son petit déjeuner ou de cesser de regarder la télé pendant une semaine, imaginez que le grand changement ne peut que lui faire très peur et pourtant ce n'est que cela !

Qu'y a-t-il de l'autre côté du grand changement ?

Les chamanes parlent d'un autre monde, comme en parlent d'autres voies spirituelles, mais ils apprennent à l'explorer déjà de leur vivant ! Comme ça, ils n'auront pas du tout peur quand ils vont basculer de l'autre côté, ils auront de l'entraînement !

C'est que le mot même de « mort » est idiot ! De l'autre côté, il y a plein de vie, il n'y a que ça même, mais c'est une toute autre forme de vie ! L'homme a peur de tous les changements et la peur du grand changement infiltre en lui toutes les autres peurs ! Quel gâchis !

Les êtres humains construisent leur réalité quotidienne avec un processus de conscience qui s'appelle*l'anneau de pouvoir.*

Cet anneau les enferme dans la répétitivité interminable du même monde, des mêmes pensées, des mêmes sentiments, des mêmes gestes et le maître de cet enfermement est la mémoire ! Les chamanes toltèques appellent cela « faire le monde ».

C'est à cause de cette inlassable existence de routines que les hommes ont si peur du changement, donc de la mort qui n'est qu'un changement. Alors les chamanes leur proposent d'apprendre à « stopper le monde » pour jeter un premier coup d'œil sur l'espace inconnu de tous les possibles, le nagual, et commencer à s'y aventurer pour en ramener des changements de vie.

Pour cela, ils apprennent à pratiquer des « non-faire », des façons de penser, de ressentir et d'agir totalement différents voire opposés à leurs façons habituelles de penser, de ressentir et d'agir.

Ainsi, ils vont peu à peu se familiariser avec l'autre monde, réservoir inépuisable d'alternatives de vie et de changements, et ils vont même pouvoir, en allant encore plus loin dans le nagual, rencontrer des êtres de « l'au-delà » (au-delà de leurs routines et de leur monde habituel), des êtres dénués de corps physique mais dotés de conscience et ainsi, ils vont comprendre un jour qu'il n'y a pas de néant, que la mort n'est qu'un changement, que ce monde terrestre peut être merveilleux même s'il est prédateur comme tout l'Univers, *parce que l'on peut en changer les modalités d'expérience et qu'en réalité, ils sont des êtres immortels, des aventuriers éternels de l'esprit. Ceci est le chemin où l'on peut se nettoyer de toutes les peurs.*

D'ABORD S'AIMER SOI-MÊME

Si la peur de la mort engendre toutes les autres peurs, l'amour véritable de soi permet toutes les autres formes d'amour.

Qu'entendons-nous par « amour véritable de soi » ? Ce n'est pas un amour complaisant ni un amour autocompassionnel. L'amour complaisant de soi nourrit l'ego et consiste à flatter nos points faibles, notre laisser-aller, à s'admirer et à chercher à se faire admirer. L'inverse est l'amour autocompassionnel qui consiste à se laisser aller mais par pitié pour soi, parce que l'on se considère comme victime. Aucune de ces deux formes d'amour n'est de l'amour véritable pour soi.

Nous vivons dans une époque où l'assistanat est très bien vu. Il est d'abord pratiqué par le système politique, l'assistanat étant un argument politique très lourdement utilisé pour acquérir l'adhésion des votants.

Au niveau populaire, l'assistanat est un thème répétitif issu du christianisme. Il faut être solidaire, on incite à une socialité hypercompatissante dont les bons sentiments sont souvent faux et affectés parce qu'imposés par le matraquage médiatique. Il faut à tout prix s'aimer les uns les autres, c'est le mot d'ordre de l'égrégore humain.

Cependant, si l'on jette un regard implacable autant que dérangeant sur cette façade, on s'aperçoit que très peu de gens s'aiment réellement eux-mêmes ! c'est bien pour cela que cet amour de commande n'est pas clair.

Comment peut-on en effet, aimer les autres si l'on ne s'aime pas soi-même ? Ne faudrait-il pas commencer par là ?

Une bonne majorité de nos semblables, par exemple, mangent très mal, beaucoup trop, et trop vite, sans conscience, ce qui entraîne un grave préjudice au niveau de leur santé. Les fumeurs sont de plus en plus nombreux, malgré les avertissements dramatiques que le fabricant de cigarettes lui-même appose sur ses produits. Nombreux sont ceux qui boivent des quantités d'alcool excessives qui détruisent aussi leur santé et ils le savent, Ils passent des heures chaque jour l'oreille collée à de redoutables émetteurs de micro-ondes cancérigènes la plupart d'entre eux en connaissant pourtant les dangers.

90 % de nos semblables subissent passivement la pression multidimensionnelle d'un système social fondé sur un mercantilisme uniquement basé sur le mensonge, l'abus de confiance et la destruction de la santé des citoyens. Enfin beaucoup d'entre eux se remettent aveuglément et de façon incroyablement irresponsable entre les mains d'une médecine mortifère et incapable. Et nous pourrions ainsi allonger encore longtemps la liste des comportements dénotant un total irrespect et un non-amour patent de soi.

Ils ne sont pas si idiots que ça, c'est seulement qu'ils ne s'aiment pas suffisamment eux-mêmes et qu'ils préfèrent ne rien savoir parce que pour s'aimer soi-même, il faut conquérir un minimum de liberté, il faut devenir un guerrier de l'esprit !

Alors l'amour ! l'amour ! la solidarité, l'entraide ! auxquels les mêmes individus font en permanence référence, a de quoi nous laisser songeurs !

Ce que l'on ne se donne pas à soi-même, ce que l'on ne s'autorise pas, en termes de véritable amour, il n'est pas possible de le donner aux autres. Ce ne sera qu'attitude affectée, compassion de commande dictée par la pensée collective qui gouverne le cerveau de « l'entraideur ».

L'amour de soi implique un travail sur soi. Le laisser-aller général d'une société tout entière n'est pas la généralisation de l'amour de soi, c'est de l'autocomplaisance encore une fois propagée par les magazines, la télévision, Internet, la publicité. Consumérisme et narcissisme vestimentaire, pornographie et vulgarité d'une publicité faisant croire à une libération joyeuse de la sexualité, il n'y a dans tout cela aucun véritable amour de soi.

La croissance endémique des pathologies psycho-émotionnelles, la banalisation des violences quotidiennes, l'évasion dans la drogue et la profanation croissante de la sexualité en témoignent.

S'aimer soi-même est le premier acte d'amour à entreprendre – toutes les techniques et pratiques du chamanisme toltèque, le nettoyage du tonal en premier lieu, y mènent tout droit.

L'AMOUR ET L'EGO

L'ego est l'image, la connaissance et le souvenir que notre esprit a construit de nous-mêmes. C'est un phénomène réflexif, c'est-à-dire que l'ego est comme ce que nous voyons de nous-mêmes dans un miroir mais, au lieu d'être un miroir matériel, c'est un miroir intérieur, psychique. Ce n'est pas seulement une création mentale, car nous sommes aussi des êtres de sentiments et être aimés, admirés, respectés, écoutés, aidés, plaints des autres joue un très grand rôle dans notre vie dans la mesure où ces besoins nourrissent et renforcent notre ego.

De plus, l'être humain a un grand besoin de confiance en lui-même et pour maintenir, développer ou renforcer celle-ci, il a aussi besoin de s'aimer lui-même. L'ego est le produit de ces trois choses mélangées : image-connaissance-souvenir de soi + besoin d'être considéré des autres + besoin de se considérer soi-même.

Cet ego est très exigeant et, comme il se nourrit du contenu de notre mental qui lui-même se nourrit de mémoire (le passé) et d'anticipation (le futur), il nous tire beaucoup plus que de raison de la réalité du présent où se passe la vraie vie vers le territoire virtuel de celle-ci où l'énergie de notre conscience est dépensée sans le moindre résultat positif.

Il est logique qu'une préoccupation excessive de soi qui peut être surévaluatrice (s'admirer beaucoup soi-même, se donner beaucoup d'importance et donc être en permanence en recherche de considération de la part des autres) ou qui peut être sous-évaluatrice (se sentir inférieur, douter beaucoup de soi, éprouver de la pitié pour soi, se sentir une victime et rechercher la compassion des autres) concentre une grande partie de notre énergie affective sur nous-mêmes et en laisse assez peu pour les autres, le monde extérieur et l'action.

Dans les deux types de situation, c'est l'ego qui cristallise toute cette énergie sur soi-même et le dialogue intérieur de la personne concernée est intense.

Une telle personne finit par vivre plus ou moins déconnectée du monde réel. L'échange affectif avec le monde extérieur n'est pas équilibré, elle a du mal à donner ou à recevoir, son ego s'y oppose. Il dicte la plus grande partie de ses comportements, elle ne sait pas aimer, trop préoccupée d'elle, trop dans sa tête, elle perd même tout naturel.

S'aimer soi-même, le sujet du paragraphe précédent, n'est pas à confondre avec cette attitude égocentrique. Que l'ego soit « positif » (mais survalorisant) ou négatif (et sous-valorisant), dans les deux cas, ce n'est pas une bonne façon de s'aimer.

Nous l'avons dit, s'aimer vraiment soi-même, c'est s'aimer sans complaisance, c'est-à-dire avec honnêteté et en tant qu'être qui cherche à progresser et qui est donc lucide sur ses points faibles *mais sans la moindre culpabilité.*

S'aimer soi-même n'est pas aimer une construction mentale de soi, un fantôme psychique qui n'est qu'une représentation abstraite et très sommaire de tout ce que l'on est réellement.

Nous sommes l'association potentielle de trois champs de conscience: le tonal, l'âme et le nagual, une trilogie magique dont l'ego ne peut absolument pas rendre compte, dont il ne peut imaginer le potentiel et au développement duquel, d'ailleurs, il ne fait que s'opposer par son ronron mental permanent.

Par contre, l'ego ne peut pas et ne doit pas être totalement dissous sinon il n'y aurait plus aucune conscience de soi. Mais il doit être réduit au maximum pour être seulement un repère cognitif du tonal.

Ainsi ramené à une importance raisonnable dans le champ de la conscience, par sa discrétion, il permet au sujet de récupérer une grande quantité d'énergie utilisable dès lors pour un meilleur équilibre entre la vie intérieure et la vie extérieure de la personne et pour un échange affectif fluide et nourrissant avec le monde environnant.

Exercice 1. Le meilleur exercice pour réduire l'ego est le silence intérieur qui, en supprimant le dialogue intérieur, va réorienter l'énergie psychique et affective du pratiquant vers la réalité de l'instant présent et lui permettre de développer un échange énergétique équilibré avec son environnement.

Exercice 2. Pratiquer l'humilité dynamique

L'ego cherche toujours à être défendu. En voulant toujours donner de nous-mêmes une certaine image, nous installons un stress qui s'accompagne d'une grande susceptibilité face à l'éventualité de se tromper, d'être contredit, de ne pas savoir quelque chose que l'autre sait. Orgueil et ego sont quasiment synonymes. Cette fragilité est une grande destructrice des relations humaines en générant beaucoup d'émotions négatives.

Les guerriers de l'esprit cultivent l'humilité dynamique. Ce comportement fécond part de l'idée que la vie est faite pour apprendre et qu'apprendre peut devenir l'un des plus grands plaisirs humains. Ce postulat implique donc que nous acceptions que notre part de « connu » doive être beaucoup moins importante que notre part « d'inconnu » et ensuite qu'il est nécessaire de cultiver notre réceptivité, notre écoute, notre polarité yin, en tant que « passivité active », la meilleure attitude pour apprendre sans limites.

Une fois cette mentalité adoptée, le fait d'ignorer des tas de choses ou de commettre des erreurs ne pose plus aucun problème à l'apprenti chamane. Adorant apprendre, il apprécie de ne pas savoir pour mieux apprendre ! Parallèlement, il ne fait pas étalage de ses connaissances car il sait que, quelle que soit la taille de son connu (son passé et son présent) il sera toujours infiniment plus petit que son inconnu (son avenir).

Quant au fait de se tromper, il est très positif de s'entraîner à le reconnaître sans complaisance masochiste mais sans hésitation. C'est l'ego qui a très peur de cette simplicité mais précisément, le fait de s'entraîner à reconnaître ses erreurs, son ignorance, *sans se sentir le moins du monde idiot ou coupable*, va fortifier votre confiance en vous car, au fond de vous, il y a aussi une connaissance très précieuse qui vous y aide puissamment, *c'est la relativité de la connaissance.*

95 % des connaissances d'un individu moyen sont inférentielles, ce qui veut dire qu'il ne les tient pas d'une expérience personnelle directe de ce qu'il sait ni d'une observation personnelle du fait qu'il rapporte mais d'une source intermédiaire : autre personne, document écrit, film, cours universitaire, émission de télé, livre ou document Internet, source qui, elle-même, est peut-être tout aussi

inférentielle donc sujette à la subjectivité et aux interprétations personnelles de ceux qui les ont diffusées. En fait, ses connaissances sont majoritairement des croyances. Comme disent les taoïstes : « Le sage sait qu'il croit, le sot croit qu'il sait. »

Cette prise de conscience démystifie de façon considérable la fiabilité absolue de toutes les connaissances humaines et nous invite à une prise de distance et à une humilité très favorables à une relation humaine beaucoup plus détendue.

La sobriété verbale accompagne bien entendu cette attitude mentale, ajoutant son économie d'énergie à celle d'un ego libéré de l'illusion inférentielle.

Le fait d'être au courant de la nature inférentielle de la plupart des connaissances humaines ne doit pas cependant nous inciter à nous en servir pour diminuer la valeur des affirmations de nos interlocuteurs sauf si la conversation comporte un enjeu concret car cela pourrait les blesser inutilement et renforcer ainsi leur ego tout en renforçant le nôtre !

La pratique de l'humilité dynamique, en plus de nous ouvrir à une évolution illimitée, apaise beaucoup notre émotionnel et, en ouvrant l'écoute de nos interlocuteurs, favorise une bien meilleure vie relationnelle.

LE COUPLE ET L'HARMONISATION AFFECTIVE-ÉMOTIONNELLE

Il n'y a pas d'incarnation terrestre de l'énergie cosmique universelle plus puissante que la rencontre amoureuse de la femme et de l'homme.

Du tourbillon passionnel des premiers regards à la procréation d'un être humain nouveau en passant par l'extase sexuelle puis la transmutation des premiers émois en sentiment profond, toute la palette émotionnelle et affective de l'être humain se déploie dans l'histoire du couple. Hélas, en particulier à notre époque, cette image idéale ne correspond pas souvent à la réalité.

Que se passe-t-il entre elle et lui pour que tant de rêves sublimes de l'adolescence aboutissent aussi souvent à tant de désillusions une ou deux décennies plus tard voire plus précocement encore ?

Il est clair que la relation du couple est de plus en plus difficile. Le sentiment amoureux n'était-il qu'un placage artificiel d'origine socioreligieuse uniquement destiné à stabiliser l'organisation collective des hommes ?

Un regard distancié et objectif sur l'histoire humaine montre à l'évidence qu'il n'en est pas ainsi. Sur des millions d'années, de l'animal à l'homme, une transmutation de l'instinct sexuel s'est opérée pour faire évoluer l'acte brut, fugitif et animal du coït en fusion extatique du corps, du cœur et de l'esprit.

En faisant se rejoindre ce qu'il y a de plus viscéralement énergétique, l'instinct de vie et de mort (c'est parce qu'il va mourir que l'être vivant se reproduit) avec ce qu'il y a de plus élevé, le don d'Amour, par le biais du plus grand plaisir accessible à l'homme et à la femme, l'orgasme, cette transmutation progressive de la sexualité humaine a largement dépassé le seul domaine de la relation intime du couple.

Elle a été un facteur déterminant de l'évolution de la conscience affective, esthétique, culturelle et intellectuelle de toute l'humanité et beaucoup de grands maîtres spirituels pensent même qu'elle est à l'origine de l'éveil spirituel des êtres humains (dans le tantrisme authentique, par exemple).

S'il en est ainsi, ne lui devons-nous pas en retour une reconnaissance dont l'absence actuelle pourrait bien être à l'origine de notre mal-être et de notre décadence planétaire ?

La pensée collective actuelle exerce en effet dans la vie du couple des ravages considérables. Déjà depuis plusieurs siècles, au nom du thème de la liberté, s'était installée une désacralisation progressive de l'amour et du sexe, tendance qui a même pris, depuis quelques décennies, l'allure d'une véritable profanation normalisée du corps et de la sexualité.

Dès l'adolescence, les individus sont invités par la pensée unique à se lancer dans une sexualité précipitée et consumériste banalisée. Le système appuyé par les médias et la vie des stars montrées en exemple aux tout jeunes gens, décérébralisés par un matraquage médiatique incessant, leur apprend, s'appuyant souvent sur le thème dévoyé du progrès et de la modernité, qu'il faut commencer par l'acte sexuel pour découvrir l'amour, on ne sait pas trop bien lequel, et popularise et normalise même les déviances et conduites sexuelles à risques.

On assiste ainsi, par rapport à l'évolution des comportements amoureux de l'être humain, depuis la nuit des temps, à une véritable régression vers une sexualité purement animale, ignorante de toute forme de subtilité émotionnelle et encore plus de toute culture sentimentale.

La polarité homme/femme et sa déclinaison sexuelle étant le fondement même de l'équilibre yin/yang intérieur de chaque individu, c'est toute l'harmonie psychoaffective de l'être humain qui est ici en jeu.

L'acte sexuel confronte directement l'être humain à sa nature dualiste vie/mort et à l'âme, passerelle entre l'une et l'autre et donneuse de sens à chacune des deux.

Le couple actuel a besoin de retrouver la nature sacrée de l'amour charnel, dans une rencontre aussi éloignée d'une relation animale et sans lendemain que d'une relation désincarnée fondée, comme par le passé, sur l'impureté et la diabolisation du corps et découvrir une rencontre affective et sexuelle à la fois, dont l'intensité extatique est aussi l'un des chemins les plus directs vers la conscience élargie.

LE COUPLE ET L'EGO

Que cette aspiration à un retour idéalisé de l'Amour total ne nous empêche pas de reconnaître que les choses sont difficiles pour le couple actuel, et pas seulement pour des raisons de désacralisation de l'amour charnel. L'ego est autant au rendez-vous de l'épreuve relationnelle du couple qu'il l'est partout ailleurs.

Le féminisme, confondant inégalité et différence, n'est pas étranger à cette déstabilisation du couple. Par la disparition rapide (à peine un siècle) de l'aspect purement corporel du travail et la dévirilisation physique correspondante de l'homme, la modernité est aussi un élément de cette déstabilisation.

La femme s'est peu à peu virilisée, l'homme s'est peu à peu féminisé, un malaise profond s'ensuit qui traduit la dépolarisation progressive, tant sur le plan moral et psychologique que comportemental et vestimentaire, des deux sexes.

L'ego de chacun se nourrit hélas, chez l'homme, du sentiment de déstabilisation lié à la sensation de diminution de son pouvoir, en particulier dans le secteur socioprofessionnel. Ce sentiment de frustration collective se traduit par une attitude réactive et tensionnelle dans la vie privée du couple.

Chez la femme, est né un sentiment de puissance et d'indépendance financière croissante qui se traduit dans l'intimité par une désinvolture comportementale affichée.

S'ajoute à cela l'influence de la pensée collective et de ses mots d'ordre invitant à une sexualité banalisée, le tout entraînant une fugacité croissante des couples au détriment de l'équilibre affectif des enfants. On est passé d'un extrême à l'autre, d'une solidité du couple souvent due uniquement au respect de la tradition à une fragilité du couple liée à un manque d'enracinement affectif dans l'acte de s'unir.

Ce qui est préoccupant, c'est que la force de cette pensée collective détruit avant tout les individus eux-mêmes, lesquels, dans de telles conditions, perdent les repères affectifs de leur humanité et encaissent une frustration sentimentale croissante qui nourrit de multiples pathologies psycho-émotionnelles et physiques en sacrifiant le besoin profond de leur âme sur l'autel de l'égrégore humain.

Et c'est en réduisant son ego, comme déjà indiqué plus haut, que chaque individu pourra retrouver sa nature profonde et l'appel de son âme à être lui-même, sans inhibition de sa nature sentimentale, pour aligner ses comportements sur ce que celle-ci lui murmurera alors.

Le couple est le creuset idéal pour un travail sur soi fondé sur le retour à l'équilibre intérieur.

Le yin et le yang s'entrelacent et s'affrontent, deux ego ont l'occasion de se sublimer pour retrouver ensemble un art d'aimer momentanément perdu. Sans nul doute celui-ci pourra répondre à ce besoin d'être aimé et d'aimer dans une rencontre associant de façon subtile le sexe et le sentiment, le corps et l'esprit, parce qu'une telle façon d'aimer est la source énergétique la plus naturelle et la plus puissante du genre humain.

Fig. 7. Le bonheur comme source d'énergie

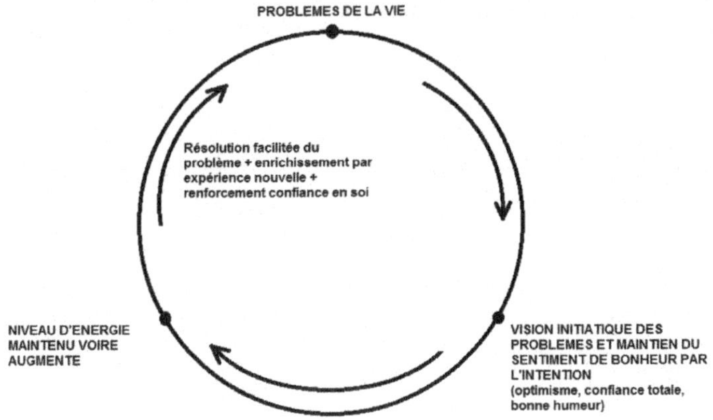

LE BONHEUR COMME ÉNERGIE (fig. 7)

Le bonheur, comme ressenti, est le résultat d'un état complexe qui peut avoir été désiré et programmé mais qui peut tout aussi bien surgir spontanément sans que l'on s'y attende. On considère le bonheur comme l'objectif ultime idéal de toute activité, de toute entreprise. C'est un résultat auquel on ne pense pas toujours comme tel mais que tout être humain poursuit, consciemment ou non, comme finalité du fait même de vivre.

Certains êtres, assez rares, sont heureux avec peu de chose et, apparemment, une grande partie du temps. Mais au fur et à mesure que l'enfant grandit puis devient adulte, le combat pour la vie imposant sa loi, les moments de bonheur semblent nettement plus rares que les moments de tension, de contrariétés, d'inquiétude voire de souffrance.

Une certaine « inconscience de soi » semble, aux yeux des sages, être la cause de cet état des choses, l'homme se laissant emporter par le raz-de-marée des occupations humaines collectives dont il doit tirer les moyens de sa survie, en oubliant une dimension essentielle de son être.

Dans le cadre du chamanisme toltèque, le bonheur n'est pas un but mais une source d'énergie ! Une proposition bien étrange et que les sages et les chamanes considèrent pourtant de façon très sérieuse, la mettant en application avec quelques principes qu'ils adaptent à leur existence, ce qui change considérablement le profit qu'ils en retirent.

Cela ne veut pas dire que les chamanes n'ont pas de « problèmes » à résoudre mais nous allons voir comment ils utilisent précisément ceux-ci pour renforcer leur pouvoir.

Partant du principe que tout est circulaire dans l'Univers, pour eux, le bonheur s'inscrit dans un processus interactif qui le relie aux problèmes de la vie, à leur résolution et à l'énergie (voir fig. 7).

Soulignons d'abord que toutes leurs pratiques et tout leur art de vivre incluent le développement d'une forme de volonté-connaissance, un pouvoir qu'ils appliquent à tout et dont le lecteur trouvera l'explication dans le dernier chapitre de ce livre (chap. XIV).

Quand un problème surgit, ils le considèrent d'abord comme une opportunité, comme ils le font pour une maladie. Puis, ainsi parfaitement détendus et convaincus qu'ils vont apprendre quelque chose de nouveau (l'une de leurs plus grandes sources de plaisir), ils observent et analysent calmement le problème (comme tout un chacun).

La différence, et elle est essentielle, se trouve dans le calme et l'optimisme qui résulte de cette disposition initiale.

Nous savons tous que l'état émotionnel dans lequel nous nous trouvons face à un problème détermine à 99 % la bonne résolution de celui-ci.

Au mieux de son énergie mentale et émotionnelle, le chamane n'a plus qu'à être à l'écoute de son âme d'où les idées de solutions vont inévitablement surgir, ce qui est beaucoup plus difficile quand l'esprit est tendu. C'est le premier aspect de cette approche. Il y en a un second.

Quand l'homme normal est heureux, il ne sait pas comment retenir le bonheur et, bien souvent, celui-ci lui file entre les doigts, ce qui lui fait penser que le bonheur est éphémère et qu'on ne peut pas le retenir, qu'il n'existe que dans l'instant présent.

Ceci est tout à fait juste sauf si l'on sait qu'il existe un territoire intérieur où tout existe encore et où tout existe déjà, hors du temps linéaire normal et qui s'appelle le nagual.

Si l'on a ouvert la porte du nagual par le rapprochement avec l'âme, la puissance opérationnelle d'un sentiment n'a pas besoin d'être associée à une circonstance vécue dans le présent.

Les sentiments de bonheur vécus dans le passé flottent encore, intacts, dans le *nagual où tout ce qui a été et tout ce qui sera est encore et déjà là, mais sous une forme désorganisée*

Or, les sentiments de bonheur que nous avons vécus jadis sont aussi dans la mémoire de notre tonal.

Et, bien que très diffus, si nous associons l'énergie de la mémoire du tonal avec la créativité du nagual, en passant par notre âme, ils peuvent être réactivés et vécus de façon aussi vive que quand nous les avions vécus en réel.

Autrement dit, si nous le désirons, nous pouvons, avec un minimum de pouvoir, nous sentir heureux, vraiment heureux, sans raison ! Les premières fois que nous nous livrerons à cet acte de « folie contrôlée », la réactivation sera un peu timide mais, avec de l'entraînement, elle pourra aller jusqu'à provoquer une joyeuse euphorie !

Ainsi devenu créateur de bonheur gratuit, celui-ci va-t-il être une énergie qui va entraîner avec elle la résolution de nos problèmes en ouvrant toutes grandes les portes du nagual.

Exercice. Comment s'entraîner à réactiver le sentiment de bonheur pour l'utiliser comme énergie ?

Le simple fait de croire fermement que tout problème est une opportunité de progresser et d'augmenter son pouvoir est déjà un élément essentiel de cette réactivation. Il n'y a plus grand-chose à faire.

Quelques respirations profondes, douces et abdominales, vont renforcer physiquement le calme intérieur issu de cet état d'esprit. On va ensuite recréer avec le plus de sens possibles (vue, son, odorat, toucher, et le goût) un moment de grand bonheur vécu dans le passé, le plus proche possible de l'instant présent.

On va ressentir intérieurement ce bonheur, avec un visage souriant. (Le visage est très étroitement connecté à nos ressentis.) En général, le sourire vient après le ressenti, ici, à l'inverse, l'expression heureuse du visage va réveiller le ressenti.

Utilisation du soleil

Le soleil est considéré à juste titre par les chamanes toltèques comme la source principale d'énergie pour toute la Terre et ses habitants. Si nous l'invoquons mentalement en le visualisant, il accentue son effet énergétique sur toutes les glandes nobles de notre corps, celles du centre de la boîte crânienne, les surrénales, la thyroïde et le thymus ainsi que, de façon générale, tous nos organes.

Ces glandes nobles émettent des hormones dites « du bonheur » ou du plaisir et les plus connues sont les enképhalines ou endorphines.

Il n'est donc pas excessivement mystique de penser qu'avec un minimum de pouvoir, en nous concentrant sur cette connexion entre le soleil et ces glandes, et en ressentant, par réactivation psychique, le sentiment de bonheur, nous pouvons réellement obtenir et utiliser l'énergie psychique et physique de ce sentiment pour déplacer les fréquences de notre conscience jusqu'à l'âme et de là, jusqu'au Nagual d'où vont émerger les idées nécessaires à la résolution du problème.

S'il s'agit d'un problème qui nécessite plusieurs jours ou semaines de résolution, répétez cette invocation (avec visualisation du soleil, sentiment d'amour et de gratitude pour ses dons et réactivation du sentiment anticipé du bonheur que l'on sentira quand le problème sera résolu).

LA RÉCAPITULATION

Les chamanes toltèques ont une pratique très spécifique du nettoyage affectif-émotionnel qui s'appelle « récapitulation ». Elle consiste à revoir toutes les situations au cours desquelles ils ont eu des échanges émotionnels négatifs soit en tant qu'émetteur, soit en tant que récepteur, à partir de l'instant présent et en remontant dans le temps jusqu'à leur naissance et à effacer ces échanges en les accompagnant d'une respiration.

La tête est tournée vers l'épaule droite en évoquant les émotions négatives qu'il a émises, l'apprenti inspire en pivotant jusqu'à l'épaule gauche puis rejette ces émotions en expirant et en revenant face à lui. Pour les émotions reçues, recommencer en tournant la tête vers l'épaule gauche.

L'intention est de constituer un double émotionnel de soi pour l'offrir à l'énergie créatrice de l'Univers (l'Aigle) qui, en échange, laissera le chamane passer librement dans l'autre monde sans perdre la mémoire de cette vie présente et en devenant une conscience immortelle.

La récapitulation dure au moins trois ou quatre ans et, lorsqu'elle est terminée, la vie du pratiquant est évidemment profondément changée. Il ne s'abandonne plus aux émotions négatives. Il a acquis un esprit de détachement bienveillant vis-à-vis de tout ce qui existe et il vit en harmonie avec tout ce qui l'entoure.

Mais ces changements sont aussi accessibles grâce aux quatre nettoyages proposés dans ce livre, à l'exception de l'immortalité du double, qui demande de franchir une ultime étape, la fusion totale de l'attention première et de l'attention seconde, c'est-à-dire de la conscience ordinaire et de l'âme et une sublimation du corps physique en lumière-conscience.

EN RÉSUMÉ

Les chamanes ne prient pas dans le sens où nous entendons ce concept dans notre culture occidentale. Par contre, ils font des invocations et des affirmations. Et pour nettoyer son cœur et son émotionnel de tous les ressentis négatifs, l'une des plus belles affirmations que j'ai entendues est la suivante : « *Je ressens pour tout ce qui existe un détachement bienveillant car tout étant nécessaire, tout est juste.* »

CHAPITRE XI

Le nettoyage corporel

> Prends bien soin de ton corps pour que ton âme ait envie d'y rester…
>
> JANINE CASAVECCHIE

CORPS PASSÉ ET CORPS PRÉSENT

Nous sortons d'une civilisation dont l'un des principaux paradigmes était l'infériorité du corps par rapport à l'esprit. Pendant deux millénaires, et cela est encore vrai dans d'autres parties du monde, le corps était considéré comme impur et par là, faisant l'objet d'un certain mépris.

Il fallait que l'esprit dresse le corps comme on dresse un cheval sauvage, parfois en le châtiant avec le double objectif de le punir comme objet de péché et d'élever l'esprit ainsi capable de supporter privations, jeûnes et souffrances. Sans aller jusque-là, le puritanisme rampant des religions monothéistes a toujours rangé le corps et la sexualité du côté du diable.

L'histoire fonctionnant toujours comme un mouvement pendulaire, le matérialisme est parti totalement dans le sens opposé et, comme nous l'avons vu dans le chapitre précédent, a produit un culte de la sexualité débarrassé de toute connexion sentimentale, qui se veut festif et joyeux mais qui, en réalité, engendre beaucoup de frustration affective et de mal-être endémique.

En fait, dans l'ensemble, l'homme moderne a très peu de respect pour son corps. De son côté, l'abondance alimentaire et l'élévation du niveau de vie moyen ont généré une obésité qui touche presque une personne sur deux en Occident, pourcentage que l'Inde et la Chine vont bientôt rejoindre.

Le sédentarisme, l'usage immodéré des voitures et des ordinateurs achèvent ce travail de dégradation du corps. D'un autre côté, il paraît logique que dans une société philosophique objectiviste, l'homme traite son corps comme un objet !

Bref, nous sommes passés d'un extrême à l'autre mais le résultat est le même : une déconnexion du corps et de l'esprit et une dégradation spectaculaire de la santé et du bonheur quotidien.

DE LA DUALITÉ COSMIQUE MATIÈRE/ ESPRIT AU CORPS UNIFIÉ MATIÈRE / LUMIÈRE

Errant dans le désert de Sonora avec son apprenti Carlos, don Juan lui dit un jour : « Tu sais, tout le secret du chamanisme est dans ton corps. » Qu'entendait-il par là ?

Deux choses essentielles : attirant l'attention de Carlos Castaneda sur son corps que celui-ci néglige, surtout dans les débuts de son apprentissage, il l'amène ainsi à en devenir plus conscient.

La seconde intention de don Juan est sans doute d'amener Carlos à découvrir lui-même qu'en fait corps physique et corps lumineux ne sont peut-être qu'une seule et même chose que la conscience séparative du tonal (la conscience ordinaire) fractionne en deux parties.

Quand l'homme est dans son tonal, il sent son corps comme une chose matérielle, un état d'esprit qui le met en harmonie avec le monde qui l'environne : le sol sous ses pieds, le monde minéral, la terre, les planètes, les galaxies, bref un monde matériel objectivé et quand il est dans son âme, il sent son corps comme de la lumière.

Quand nous commençons à prendre conscience de notre corps lumineux dans sa connexion si intime avec le corps physique, nous ne pouvons plus, bien sûr, traiter celui-ci comme un aspect inférieur de notre personne.

Le corps est bien autre chose qu'un morceau de matière organique géré par des hormones, des enzymes, des processus chimiques reproductibles synthétiquement, de la bioélectricité et du biomagnétisme, une sorte de mécanisme un peu plus sophistiqué qu'une machine et que la robotique se vante de pouvoir bientôt imiter en introduisant dans ses robots, non seulement de la réflexion « mentale », mais des choix « affectifs » et que hélas, notre médecine actuelle, à quelques rares exceptions près, traite elle aussi à partir des mêmes principes.

Le corps physique de l'homme est, selon les chamanes toltèques, une création vivante, permanente de l'âme humaine qui, à la suite d'un travail de la conscience sur elle-même, est susceptible de retourner intégralement à sa source, pour devenir une entité spirituelle toute puissante.

À cet effet, le chamanisme toltèque propose un nettoyage corporel en trois points :

- retrouver l'unité corps/esprit par un travail corporel conscient incluant lâcher-prise et respiration consciente ;
- restaurer une alimentation énergétique et un rapport conscient à l'acte alimentaire ;
- se reconnecter à la nature pour bénéficier d'une source directe d'énergie vivante.

Nous allons maintenant entrer dans les détails de ces trois axes de nettoyage énergétique du corps.

UN TRAVAIL CORPOREL CONSCIENT

Tout travail sur soi sérieux comporte un travail sur le corps. Les spiritualités d'Asie et l'apport du chamanisme toltèque ont grandement participé à une prise de conscience occidentale de cette évidence. Les thérapies purement intellectuelles sont en train de disparaître.

J'ai personnellement connu de nombreuses personnes qui, après vingt ans de ce genre de pratiques purement mentales, n'avaient à l'évidence réalisé que de très maigres progrès en termes d'harmonisation intérieure et d'équilibre émotionnel. Un grand nombre de ces méthodes, plus ou moins toutes issues de la psychanalyse, reposent encore sur une vision totalement déséquilibrée de la relation corps/esprit et ignorent royalement la notion de l'âme.

J'insiste sur le fait que dans un travail de développement personnel, il ne suffit pas de parler du corps même si on y fait abondamment allusion (comme c'est le cas en psychanalyse). Il est nécessaire non seulement de travailler sur le corps mais d'y travailler consciemment.

La pratique des gestes conscients toltèques (voir mon livre portant ce titre chez Dervy-Médicis) est un travail particulièrement indiqué pour atteindre trois objectifs principaux : retrouver un corps sain dans lequel l'énergie circule sans obstacles, retrouver son bien-être et son équilibre intérieur et se rapprocher de son âme pour aller vers les états de conscience élargie.

Retrouver un corps sain inclut l'idée d'autoguérison qu'une conscience aiguë du corps physique permet d'envisager.

Avec l'intention, le chamane dialogue avec l'organe malade et lui demande de guérir mais comment envisager que notre corps nous écoute si nous, nous ne l'écoutons pas ?

C'est cette écoute réciproque du corps et de l'esprit que la pratique régulière d'une activité corporelle consciente permet de développer. Son efficacité est liée à un outil particulièrement original : *« les huit pièges de l'attention »* mis au point par les nouveaux voyants de la dernière lignée toltèque et qui associe le principe du cercle sacré universel (ou circuit sensorimoteur du corps) au rythme tension/relâchement et à la connexion des trois étages tête/cœur/corps du pratiquant.

Un travail sur l'axe vertical est aussi proposé dans cette pratique, fondé sur l'ouverture des circuits énergétiques internes du corps à la double source nourricière de la terre et du ciel.

LA RESPIRATION HOLISTIQUE

Les bienfaits de la respiration abdominale, tant comme outil de guérison psychique et physique que comme libérateur des tensions et du stress et comme source de réénergisation ne sont plus à démontrer.

La pratique corporelle toltèque comporte de nombreux exercices de respiration holistique, certains très classiques mais d'autres plus originaux, utilisant le soleil, la lune et la Terre comme supports énergétiques. De plus, elle décline les différents niveaux de conscience respiratoire sur cinq plans : pulmonaire, sanguine, organique, cellulaire et lumineuse.

LA TRANSE GRAVITATIONNELLE

La « posture du guerrier debout » qui combine conscience aiguë de toutes les parties du corps, connexion Terre/Ciel, respiration circulaire et silence intérieur (voir sa description dans mon livre *Chamane, le chemin des immortels,* éd. Dervy), débouche, à l'issue d'un certain temps d'entraînement, sur une transe qualifiée de « gravitationnelle » parce qu'en appliquant un lâcher-prise continu pendant la posture, elle permet au pratiquant qui s'abandonne ainsi à l'attraction gravitationnelle de la Terre, de recevoir en retour des énergies de celle-ci qui déplacent son champ de conscience vers une zone propice à la transe, un phénomène physique spectaculaire mais très bénéfique pour l'équilibre psychoémotionnel de l'apprenti.

CORPS ET ALIMENTATION

Même si la diététique et la mode du bio font maintenant partie d'une abondante information qui souligne la relation entre alimentation et santé, on n'imagine mal à quel point l'alimentation peut influer non seulement sur notre santé physique mais aussi et tout autant sur notre équilibre émotionnel, notre bien-être, notre psychologie, notre vie relationnelle et professionnelle, en fait, sur tous les aspects sans exception de notre vie ! Étant, bien entendu, un expérimentateur fervent et initial de tout ce que j'écris dans mes livres, je peux témoigner sans la moindre réserve de la justesse de cette affirmation.

Et cependant, malgré cette abondance d'informations, 95 % des Occidentaux mangent très mal et je dirais même dangereusement. Leur vie alimentaire se résume à « trois trop » *trop, trop mal, trop vite…*

Je n'aborderai pas ici le problème grave de tous les produits toxiques qui, de l'agriculture à la préparation industrielle des aliments, empoisonnent et rendent malades des centaines de millions d'êtres humains, en collaboration étroite et fructueuse avec les laboratoires pharmaceutiques et le médicalisme.

Je parlerai plutôt de la façon dont nous abordons l'acte alimentaire, de l'attention que nous lui portons et de l'adéquation que nous mettons entre l'acte de manger et le bien-être et la vitalité de notre corps. 90 % de nos maladies sont liées à une mauvaise alimentation (aliments toxiques, dénaturés, morts) mais aussi à une mauvaise façon de s'alimenter.

Les chamanes toltèques réussissent à conjuguer sobriété, santé, énergie et plaisir par la façon de manger suivante :

- manger seulement lorsque l'on a vraiment faim ;
- manger modérément : quitter la table avec une sensation abdominale de légèreté ;
- manger très consciemment, c'est-à-dire lentement et en mâchant tout en purée avant d'avaler chaque bouchée ;
- avoir l'esprit vacant (silence intérieur) et mettre toute son attention sur les saveurs et les parfums des aliments en même temps que sur la mastication complète : cela s'appelle « manger l'esprit des aliments » dans le sens où le chamanisme considère que la masse alimentaire est destinée au bas de son corps et les

parfums et saveurs (l'esprit des aliments) sont destinés à sa conscience ;
- supprimer les desserts : deux plats dans un repas suffisent largement et le sucre, en acidifiant le milieu intestinal et stomacal, empêche une bonne digestion ;
- manger deux fois par jour suffit largement même pour un travailleur physique : deux bons repas, dégustés comme décrit ici, suffisent pour maintenir une excellente santé ;
- manger des fruits abondamment en dehors des repas, ou comme repas le matin ;
- ne pas boire ou très peu pendant le repas mais plutôt entre les repas ou un quart d'heure avant le repas un ou deux grands verres d'eau pour ne pas affaiblir les sucs digestifs ;
- reposer les couverts à côté de l'assiette pendant que l'on mâche ;
- faire une petite pause (une bonne minute) toutes les quatre bouchées ;
- ne pas converser à table pendant que l'on mange
- enfin boire très peu (ou l'idéal, pas du tout) d'alcool pendant les repas. Si l'on boit du vin, très peu et du bon et biologique.

Manger ainsi est la meilleure façon de remercier la terre pour ce qu'elle nous donne. C'est la meilleure et la plus naturelle des prières.

JEÛNE ET SANTÉ

En mangeant comme il est décrit ici, il n'y a pas besoin de longs jeûnes. Une fois par an, il est très bon pour la santé de pratiquer un jeûne bien préparé pendant une semaine ou, si cela paraît très difficile (un apprenti chamane travaille son intention surtout avec les choses difficiles à faire mais qui font du bien), une diète de fruits, raisins ou pommes, pendant une semaine.

Un autre type de jeûne, plus facile mais excellent pour la santé, est celui d'une journée entière par semaine, en buvant beaucoup d'eau pendant la journée.

Une jolie devise pour conclure ce paragraphe :

« J'adore manger quand j'ai faim,
J'adore ne pas manger quand je n'ai pas faim,
car ainsi je jouis de la plénitude dans le premier cas
et de la légèreté dans le deuxième cas… »

La vie est énergie dans tous ses aspects : corporel, mental, émotionnel et affectif et toutes ces énergies sont interactives, s'entremêlent, passent d'un niveau à l'autre de notre être total, du corps à l'esprit, de l'esprit au corps.

Manger est donc un acte profondément déterminant de tout ce que nous vivons, de notre bien-être, de notre réussite existentielle, de notre destin. Et manger autrement que de façon équilibrée, c'est-à-dire comme proposé ci-dessus, influera de façon très négative et même morbide sur notre vie.

La recherche de plaisir de celui qui mange trop, vite ou/et trop sucré n'atteint finalement jamais son but car le plaisir exige notre présence totale et donc toute notre attention, et ce n'est pas ainsi que mange cette personne.

Déguster avec beaucoup d'attention, en savourant lentement parfums et saveurs, sera difficile pour cette personne au début mais finalement elle atteindra assez vite son but. Il est essentiel de faire des expériences nouvelles avec tout son cœur pour changer sa vie. Le plaisir de manger en sachant qu'on se fait du bien, et non en culpabilisant, décuple évidemment ce plaisir.

Le plaisir a aussi un rôle énergétique qui s'ajoute au niveau d'énergie élevé de celui qui mange chamaniquement. Ce plaisir libère en effet des endorphines et autres hormones qui tonifient vos organes et tout votre corps, et ce bien-être final vous rapproche de votre âme car vous avez envie, dans un tel état physique et mental, de remercier la vie. Or, cette envie spontanée de remercier la vie est le signe que vous êtes ouvert à votre âme.

Vous voyez bien que l'âme n'est ni une chose solennelle inaccessible et mysticoreligieuse mais un être joyeux qui aime la ferveur et qui est très proche de votre corps pourvu que vous ayez choisi de vivre celui-ci avec délicatesse et dans l'équilibre !

LE CORPS, L'ÉNERGIE ET LA NATURE

Le nettoyage corporel nous amène tout naturellement à nous tourner de façon attentive vers la nature, même si vous la fréquentiez déjà. Bien sûr, tout le monde sait qu'une bonne balade dans les bois ne peut que nous faire du bien mais combien de promeneurs des bois ne sont pas où ils sont mais dans leur tête quand ce n'est pas dans leur téléphone portable ! Le chamanisme toltèque nous invite à aller un peu plus loin dans notre fréquentation de la nature à des fins de nettoyage corporel (mais aussi mental et émotionnel/affectif d'ailleurs).

On parle beaucoup de « retour à la nature », de « protéger la nature » mais on oublie souvent que la nature commence au-dedans de nous, que nous sommes issus de la nature et que notre corps fonctionne exactement comme elle, il peut donc entretenir des liens d'énergétisation et de nettoyage privilégiés avec elle.

« Qui s'éloigne de sa nature s'éloigne de la nature même s'il la fréquente régulièrement. » C'est pourquoi il est très peu profitable de marcher ou de courir dans la nature avec un Walkman et des écouteurs de musique aux oreilles, ou en utilisant son téléphone portable ou même en bavardant sans arrêt si l'on est en groupe ou en regardant sans arrêt le sol parce que cette attitude porte à penser et que, dans ce cas, seul le corps est là et pas l'esprit.

Cette façon de marcher, la tête tournée vers le sol, a aussi un gros inconvénient : l'axe terre/ciel du corps est rompu au niveau du cou et il n'assure plus son travail de recharge énergétique. Ainsi, pour trois raisons, dont nous allons voir la dernière ci-dessous, celui qui marche ainsi perd presque tous les bénéfices de sa promenade champêtre.

« Qui s'éloigne de la nature s'éloigne de sa nature et s'affaiblit physiquement et mentalement. »

La raison de cette affirmation est qu'il y a dans la nature des sources d'énergie dont l'homme a impérativement besoin et qu'il ne peut tout simplement pas trouver en ville. Ce sont des énergies de nettoyage et aussi des énergies de recharge énergétique, et elles fonctionnent au bénéfice de l'homme sous réserve d'un minimum de présence de sa part quand il s'y trouve, ce qui explique les conseils énumérés ci-dessus.

Toutes les plantes de la nature sont non seulement vivantes mais elles ont un niveau de conscience. Ce niveau de conscience ne s'exprime pas mentalement bien sûr mais, pour nous, êtres humains, de façon à la fois sensorielle et intuitive (c'est-à-dire par l'exercice de la connaissance silencieuse de l'âme). D'âme à âme, nous pouvons recevoir de l'énergie des arbres qui sont, en particulier, les végétaux les plus puissants et les plus proches de nous.

Mais nous pouvons aussi, par notre attention et notre tendresse, leur en envoyer. Il suffit de faire le silence dans notre esprit car on ne peut pas communiquer, n'en déplaise aux farfelus de la nature, avec des mots mais directement avec le cœur (sans débordements, avec équilibre).

Contemplez les arbres, leurs formes, leurs couleurs, leurs mouvements, leurs contrastes d'ombres et de lumière. Les couleurs, en particulier, sont très nourrissantes pour nous, et pas seulement en provenance des plantes. On peut les absorber si on ne les reçoit pas que comme informations mais en leur prêtant une attention totale comme énergie.

Pour cela, en les contemplant, faites-les dépasser le niveau des yeux et descendre jusqu'au niveau du centre de connaissance silencieuse, près du nombril, qui est le centre énergétique de notre âme.

La marche du guerrier de l'esprit

Pour être bien nettoyé quand vous marchez dans la nature, vous devez vous connecter à chaque pas, aux énergies de la terre, celle-ci recevant vos énergies négatives et vous rendant de l'énergie positive. À cet effet, votre poser de pied doit être très souple, avec une cheville toute détendue, toute molle, et en revanche le dessous du pied bien collé à la terre, même si c'est fugitif, les trois points principaux bien en contact avec elle (le gros coussinet, le petit coussinet et le centre du talon).

Ensuite, le sommet de votre tête (le vertex) doit être bien ouvert à l'énergie des galaxies qui, de la même façon, vous nettoient et vous envoient aussi de l'énergie que vous recevez d'autant plus complètement que vous serez entraîné à ressentir sensoriellement cette petite surface juste au sommet de la tête, celle-ci étant droite, dans le prolongement du dos mais avec un cou cependant bien détendu.

Plus vous êtes sensoriellement conscient dans votre corps, plus vous accompagnez l'énergie qui y circule et plus celle-ci vous fait du bien et travaille efficacement au maintien de votre santé et à l'ouverture de votre champ de conscience.

Profitez de votre contact dorénavant plus intime, plus efficace, plus jouissif et plus épanouissant avec la nature pour vous libérer peu à peu de la technodépendance : les ordinateurs, les téléphones portables, les voitures, etc.

Je ne dis pas d'en supprimer totalement l'usage mais de prendre vos distances avec ces outils qui, même s'ils ont des usages indubitablement séduisants, sont très mauvais pour la santé et, chose plus grave encore, préparent une civilisation planétaire de cellularisation des consciences qui réduirait notre libre arbitre et notre pouvoir de décision individuel à celui d'une cellule du corps humain par rapport au cerveau.

Le nettoyage corporel comme rapprochement du corps et de l'esprit est un outil merveilleux pour l'ouverture de champ de conscience en même temps qu'il nous apporte, à court et à moyen terme, le moyen de nous autoguérir physiquement et au niveau psychoémotionnel, par le rétablissement d'une circulation fluide de notre énergie vitale et par le développement de la confiance en soi.

CHAPITRE XII

Le nettoyage comportemental

> *La seule prière utile que tu peux offrir à l'Univers c'est d'en trouver la source au centre de toi-même... Le seul remerciement authentique que tu peux lui adresser, c'est d'être présent dans chaque instant que ponctuent les battements de ton cœur...*

Nos comportements sont naturellement le produit direct de la façon dont nous utilisons les trois étages de notre tonal. Le nettoyage de ceux-ci nous rapproche de notre âme qui, en retour, nous ouvre à notre créativité existentielle, ce qui augmente la qualité de nos comportements. Et la boucle est bouclée quand cette qualité comportementale renforce le nettoyage des trois étages du tonal.

Cet anneau interactif régit toute l'évolution de notre destin parce qu'il inclut l'action sans laquelle toute démarche spirituelle de développement personnel est inutile. Mais ce passage à l'acte a besoin de s'inscrire dans un cadre chamanique éthique que les chamanes toltèques appellent «impeccabilité» et qui comporte trois volets principaux.

L'IMPECCABILITÉ : TRILOGIE COMPORTEMENTALE DU GUERRIER DE L'ESPRIT

Prendre la vie comme un défi

Nous avons vu que pour s'autoguérir ou, au moins, pour participer activement à sa propre guérison, il était tout d'abord essentiel de considérer la maladie comme une opportunité. Nous avons vu aussi le cercle de résolution des problèmes qui fonctionne sur le même principe.

« L'homme ordinaire considère ses problèmes comme des calamités, le chamane les considère comme des occasions », dit don Juan à son apprenti Carlos, une formule qui résume en quelques mots le premier volet de l'impeccabilité.

Elle est, bien entendu, fondée sur l'acceptation du fonctionnement bipolaire de l'Univers et sur la pratique d'une intelligence pragmatique de toute réalité : accepter le négatif de la vie pour en faire du positif. À quoi cela sert-il de se lamenter quand ça ne va pas ? L'énergie émotionnelle étant la plus puissante de nos trois énergies, ça sert seulement à faire s'effondrer notre niveau global d'énergie juste au moment où nous en avons le plus besoin !

À partir de là, non seulement le guerrier de l'esprit considère tous ses problèmes comme des occasions mais, de façon stratégique et non suicidaire, il se donnera des défis pour toujours apprendre, progresser et augmenter son pouvoir.

C'est effectivement le but principal de l'habitude de considérer les problèmes comme des occasions, apprendre constituant l'un des plaisirs essentiels du guerrier de l'esprit et augmenter son pouvoir étant son chemin spirituel de prédilection. L'attitude inverse s'appelle le laisser-aller. Face aux défis de l'existence, le « loser » qui ne veut pas les affronter se raconte des histoires : « c'est pas pour moi ce truc-là » – « À quoi ça sert de se prendre la tête ? » – ou pire : « C'est toujours à moi que ça arrive ! » – « Mince, c'est pas de bol, c'est bien ma chance ! »

Chez lui, la mémoire règne en maître et son chemin est parfaitement circulaire mais sans espoir de passage à la spirale ! Il répète et répétera toujours les mêmes schémas existentiels, se complaisant dans ses routines sans écouter les signaux apparemment négatifs du nagual : problèmes, petites maladies, échecs, erreurs, etc. qui, en fait, pourraient devenir les meilleurs tremplins d'une vie plus créative.

Ce qui, concrètement, nous aidera à adapter cette vision du monde est à devenir les conducteurs de notre vie au lieu d'en rester les simples passagers, c'est une compréhension claire de la dualité dynamique, le fonctionnement universel de l'énergie qui régit tout ce qui existe. Ensuite, ce sera le désir d'avoir plus de plaisir à vivre car la voie du guerrier de l'esprit est une voie de plaisir en même temps que c'est « un chemin qui a du cœur ».

Marcher sur un chemin qui a du cœur

La vie quotidienne ne comporte pas que des actes gratifiants et nobles. Même les artistes ou les personnes exerçant un métier de luxe, même les grands experts, même les gens très riches et très puissants ont des « corvées ». Si vous avez la chance d'exercer un métier que vous aimez, il comporte sans doute, à certains moments, des procédures ou des actes moins agréables que le reste. Lorsque vous êtes à la maison, il y a des choses agréables à faire et à vivre mais il faut aussi vider les poubelles, faire la vaisselle, nettoyer les toilettes et la salle de bain, passer l'aspirateur. Si vous avez des enfants adolescents, il n'est pas toujours drôle de les amener par-ci ou par-là à quinze kilomètres de là en voiture et d'aller les rechercher à deux heures du matin.

Dans le cadre du travail lui-même, les rangements de dossiers qu'on a laissé s'accumuler ne sont pas une tâche des plus réjouissantes et je ne parle pas des gens, nombreux hélas, qui font seulement un métier pour gagner leur vie sans y prendre vraiment beaucoup de plaisir et qui, heureusement, ont des compensations positives en famille, dans leurs loisirs du week-end ou dans leurs rencontres amicales épisodiques.

Bref, la vie est comme l'énergie : bipolaire. Il y a les moments positifs et les moments négatifs. Mais chacun, bien sûr, souhaite augmenter la part de moments positifs et réduire les moments négatifs, cela n'est pas toujours réalisable à la demande et les routines s'installent au jour le jour.

C'est ainsi que la vie de chacun se trouve peu à peu coupée en deux : le déplaisir va avec les moments négatifs et le plaisir reste associé aux moments positifs. Comme si cela allait de soi. Comme si on n'y pouvait rien. On s'habitue ainsi à subir sa vie.

Le guerrier de l'esprit, toujours par pragmatisme, et parce qu'il n'aime pas subir, ne vit pas les choses comme ça. Il part de l'idée que, de toute façon, il doit faire face aux moments négatifs, aux corvées, aux petites choses mesquines et déplaisantes de sa vie, alors pourquoi les faire en y ajoutant de l'amertume, pourquoi les faire à contrecœur, dans le mal-être et le déplaisir ?

Il faut les faire ? Alors soit il refuse de les faire et il assume, soit il accepte de les faire et il assume. Et dans ce dernier cas, qu'est-ce qu'assumer à ses yeux ? C'est y mettre la même joie, le même entrain qu'il met dans ce qu'il aime faire ! Il apprend à maîtriser ses émotions et ses sentiments, simplement en le décidant.

Que se passe-t-il énergétiquement quand nous n'assumons pas entièrement un acte que pourtant nous acceptons d'exécuter ? La tête dit : « bah ! Je vais le faire puisqu'il le faut », le corps se met en action mais le cœur n'est pas d'accord. Nous sommes coupés en deux ! fractionnés ! morcelés ! Il n'y a rien de pire sur le plan énergétique.

Le pouvoir d'un individu, si l'on veut l'exprimer de ce point de vue, dépend de son alignement tête/cœur/corps. C'est-à-dire de l'harmonie entre les trois étages de sa conscience ordinaire, condition nécessaire pour que le pouvoir de son âme s'introduise dans cette structure unifiée d'un être qui est en accord total avec lui-même. C'est l'attitude que don Juan appelle « marcher sur un chemin qui a du cœur » (ou « cœur actif »).

Toute émotion négative, en particulier subie, est un facteur d'affaiblissement énergétique, il n'y a qu'à regarder vivre les personnes qui n'aiment pas leur métier et ne connaissent pas la technique des guerriers de l'esprit pour s'en rendre compte : ils se traînent, ont un regard éteint, des gestes et une démarche sans énergie. Le raisonnement classique dit « ils n'ont pas d'énergie, alors ils n'aiment pas ce qu'ils font ».

Mais le raisonnement chamanique et circulaire dit : « ils n'aiment pas ce qu'ils font, alors ils sont sans énergie », et ce manque d'énergie ne fait qu'empirer les choses, puisque d'une part il les affaiblit et leur enlève ensuite l'attention de qualité par laquelle (si c'est dans un cadre professionnel) ils pourraient donner l'envie à leurs supérieurs de leur confier des tâches plus gratifiantes.

Le guerrier de l'esprit sait qu'il est très mauvais pour un homme de couper sa vie en deux au lieu de rester entier et d'assumer jusqu'au bout dans une humeur productive d'énergie, ce que *lui* décide de faire.

Il fait donc tout ce qu'il fait, gratifiant ou non, avec son cœur, ce qui fait augmenter son pouvoir.

Connaître et adhérer oui, mais pour agir

C'est une autre façon d'envisager l'alignement et la cohérence entre l'esprit et le corps. Comprendre et connaître ne sont pas trop difficiles si l'on est curieux et entraîné mentalement à l'écoute ou au raisonnement. Adhérer, qui procède du cœur, est déjà plus délicat, plus exigeant mais aligner sur la tête et le cœur les actes qui leur correspondent signe le caractère d'une personne mature et hautement responsable.

L'intellect de l'homme moderne est très actif, il peut savoir beaucoup de choses mais bien souvent ses nombreuses connaissances sont purement inférentielles et surtout, s'il les affiche avec conviction en tant que croyances, cela ne le gêne pas du tout de ne pas les mettre en pratique.

C'est un fait particulièrement frappant concernant notamment les problèmes de pollution et toutes les autres façons que l'homme moderne a inventé ce dernier siècle pour empoisonner la terre et s'autodétruire lui-même.

Une bonne proportion des gens interrogés à ce sujet se montrent tout à fait d'accord avec le fait qu'il y a là un grave problème mais une très faible proportion d'entre eux pensent à l'action. Encore une fois, le pouvoir de l'homme passe par cet alignement-là: *faire ce que l'on croit, ce que l'on pense et ce que l'on dit.*

Le pouvoir intérieur grandit non seulement parce qu'il y a alignement entre la tête, le cœur et le corps qui agit mais aussi parce que l'action apporte une forme de connaissance que l'intellect ne peut pas nous apporter: l'expérience vécue par l'action. Ce passage à l'acte est d'autant plus riche qu'en cas d'échec ou d'erreur, il nous permet de remettre en question le savoir qui l'a motivé.

L'habitude d'aligner nos actes sur nos connaissances et convictions a aussi l'immense mérite de nous rendre sobres et modestes parce que sûrs de nous, à l'opposé de l'intellectuel, riche de théories mais pas très aligné sur l'action qui compense cette faiblesse expérientielle dont il est au courant au fond de lui, par une grande suffisance et une volubilité surabondante.

LA MAÎTRISE DE L'ÉNERGIE DANS LA VIE RELATIONNELLE

N'être ni proie ni prédateur

Nous avons vu tout au début de ce livre que les chamanes considèrent que l'Univers tout entier, dans tous ses aspects, fonctionne comme un système de prédation auquel l'être humain, en dépit de toutes les tentatives philosophiques ou religieuses élaborées, n'échappe pas. À l'opposé de toutes les voies spirituelles de la Terre, le chamanisme reconnaît et accepte cette loi universelle de la prédation ce qui lui permet de trouver le moyen de se couler en elle sans la juger et de l'utiliser pour progresser.

Cependant, ce qui singularise ce réalisme philosophique c'est qu'il ne peut pas s'appliquer à la collectivité des hommes, à des sociétés, à des communautés de pensée mais strictement à des individus.

Le chamanisme n'est donc pas et ne pourra jamais devenir une religion dans le sens d'être une proposition d'organisation collective et spirituelle. Car, dans ce cas, comme cela est démontré par les religions qui ont cette prétention, il trahirait son principe le plus sacré et le plus opérationnel : *la complétude de la conscience individuelle qui permet au chamane d'accéder à la liberté.*

Avec ses trois champs de conscience, le tonal, l'âme et le nagual, il peut avoir accès au grand mystère de l'Univers qui ne livre son secret que dans l'exercice intégral de cette liberté.

Le chamane nourrit sa conscience du dedans, en s'ouvrant à son âme pour s'ouvrir à son nagual, son potentiel illimité de créativité et non du dehors en se branchant sur l'intelligence collective.

On peut dire en effet que l'égrégore humain est la première secte de la planète qui comprend entre sept et huit milliards d'individus et le chamane ne peut appartenir à aucune secte pour les raisons que nous venons d'évoquer. Il ne peut donc fonctionner selon le système dualiste de cette gigantesque secte qui s'exprime comme une alternative unique : « prédateur ou proie ».

Don Juan a ce propos déclare à Carlos en parlant de la société : « *Je ne suis pas un adhérent, je n'étais pas là quand ils ont décidé que je devais être un imbécile.* »

Ni proie, parce que le chamane met sa liberté au-dessus de toutes ses valeurs personnelles, ni prédateur parce que son humilité dynamique implique qu'il ait pour ses semblables le même respect qu'il s'accorde à lui-même et aussi parce que se dominer lui-même est un objectif infiniment plus précieux que celui de dominer les autres.

Sa liberté est avant tout intérieure et il peut très bien accepter les contraintes sociales d'un groupe humain avec lequel il a à faire sans le moindre problème, ce n'est pas un anarchiste mais un individualiste discret qui ne joue ni les matamores, ni les gourous.

Sa relation avec les autres êtres humains nécessite d'ailleurs qu'il fréquente la société car il pratique avec eux l'art du traqueur qui consiste à travailler ses points faibles en utilisant les leurs. Toute contrainte, toute grossièreté, toute agression venant d'eux est bienvenue pour lui car en y répondant de façon impeccable, il polit et repolit sa conscience et progresse régulièrement grâce à eux, il leur voue ainsi une grande gratitude.

Aimer la vie, choisir le meilleur pour donner le meilleur

Le chamane toltèque aime la vie et ne croit pas du tout à la mort comme néant d'existence, libéré ainsi de la source de tous les stress, il l'aime avec une grande force et une joie sans mélange.

Il s'accorde donc le meilleur en toutes choses, même les plus matérielles ce qui n'est pas, chez lui, incompatible avec la sobriété car celle-ci est aussi pour lui une source de bien-être. Il prendra autant de plaisir, si l'occasion se présente, à dormir dans un cinq-étoiles qu'enroulé dans une couverture, tout seul dans une grande forêt.

Il s'accordera à l'occasion les meilleurs plats d'un bon restaurant et saura se contenter avec autant de plaisir d'une pomme trouvée dans la nature après une longue marche sans manger, mais toujours il privilégie la qualité plutôt que la quantité, toujours il est attentif à savourer la vie, le ciel, le bruit d'un ruisseau, le doux balancement d'un arbre dans le vent ou l'eau pure et glacée d'un torrent.

Comme tous les êtres humains ou presque, avant d'être chamane, il ne s'aimait pas suffisamment lui-même et c'est en changeant cela qu'il dut commencer son initiation. S'aimer de façon équilibrée, sans complaisance mais en comprenant le rôle énergétique et moteur que jouent le plaisir et le bonheur dans le grand anneau qui gère son destin, lui permet naturellement de donner et de recevoir avec la même qualité.

Joie de vivre et sobriété

Cette qualité est au centre de tout ce qu'il vit, il goûte à la vie avec sensualité mais avec délicatesse. Il se nourrit de toutes les sensations que ses sens attentifs lui offrent et toujours, là aussi, le plaisir nourrit l'énergie qui fortifie l'envie d'apprendre et de progresser. Mais toujours la sobriété guide tous ses gestes car c'est au juste milieu de toutes choses que le chamane toltèque rencontre la légèreté, fidèle compagne paradoxale de sa plénitude. Le mot « sobriété », précisons-le, n'étant pas à confondre avec abstinence ou privation mais étant ici synonyme de « juste mesure » ou d'équilibre parfait entre le « trop » et le « trop peu ».

La sobriété est un grand facteur d'énergie et de bonheur mais l'être humain, ayant souvent des comportements extrêmes, elle n'est pas toujours facile à mettre en place. Le nettoyage du tonal nous y amène nécessairement puisque nettoyer c'est enlever ce qu'il y a en trop et c'est ce « trop » qui nous prive des bénéfices inestimables de la sobriété autant d'ailleurs que le « trop peu ».

L'équilibre est prêché depuis la nuit des temps par de nombreux sages mais hélas, les hommes sont le plus souvent sourds à cet appel car ils confondent « modération » et tiédeur. Ils prétendent avoir besoin de l'intensité des positions extrêmes, surtout quand ils sont jeunes. Mais si l'appel de l'âme faisait un peu plus partie de l'éducation alors l'homme comprendrait enfin le grand secret de l'équilibre : une autre façon de vivre l'énergie de vie.

LA TECHNIQUE DES « NON-FAIRE »

Le nettoyage du tonal consiste enfin à nous désencombrer du réseau étouffant des milliers de routines quotidiennes dont une grande partie sont inutiles, dont certaines nous sont franchement préjudiciables sans que nous en soyons conscients et dont la totalité constitue le soutien le plus assuré de la force de permanence.

Pour s'opposer à cette puissance excessive et rétablir l'équilibre entre mémoire et créativité existentielle afin de réaliser tous les changements qu'ils souhaitent introduire dans leur vie, les chamanes toltèques ont mis au point la pratique des non-faire.

Un non-faire est une façon de faire quelque chose d'une façon totalement différente voire même totalement opposée à la façon habituelle de faire cette chose.

Le non-faire peut s'appliquer à tous les secteurs sans exception de la vie quotidienne. C'est comme un jeu mais c'est aussi un défi à soi-même car la mémoire, en nous, se rebiffe contre cette bizarrerie. Un défi très fécond car l'enjeu est considérable. Les chamanes toltèques ont des siècles et même des millénaires d'expériences en matière de non-faire.

Les débuts sont difficiles car nous sommes très attachés à presque toutes nos routines mais avec un peu de persévérance, nous allons bientôt ressentir un vent de liberté en nous apercevant par exemple que si nous le décidons nous pouvons boire du thé le matin alors que pendant des décennies il nous a fallu notre bol de café, que nous pouvons remplacer nos biscottes-beurre-confiture par des fruits ou du müesli, qu'au lieu d'aller au supermarché par un chemin, nous pouvons en prendre un autre, jamais emprunté, nous pouvons changer de style vestimentaire etc.

Un autre bénéfice des non-faire, c'est de réveiller notre attention endormie par le poids des routines et de dissiper la monotonie d'une existence faite à 95 % de gestes et de façons de faire inlassablement identiques à eux-mêmes d'un jour à l'autre.

Maintenir la motivation et la foi dans l'efficacité des non-faire est essentiel. Il est important de le prendre comme un jeu, d'y prendre le plus de plaisir possible, d'avoir envie de réveiller sa curiosité, de découvrir de nouvelles façons de faire, de manger, de se déplacer, de se distraire, de parler, de convaincre, d'éduquer nos enfants, de se comporter avec sa famille, ses amis, ses collègues…

L'originalité et la libération qu'apportent les non-faire peuvent aller très loin, aussi loin que votre désir de transformer votre vie pour plus de bonheur, plus d'efficacité et même plus de santé car la maladie procède, elle aussi, comme tout ce que nous faisons, d'un ensemble de routines.

C'est une recherche et elle participe comme je l'ai dit plus haut d'un rééquilibrage capital entre la force immobilisante de la mémoire et la force de rupture créatrice du nagual.

LA TECHNIQUE DES DÉFIS PERSONNELS

Les non-faire sont déjà de véritables défis pour la simple raison que leur application exige de l'apprenti qu'il surmonte la puissance énorme de la mémoire mais il peut aller encore plus loin dans le dépassement de soi en se livrant régulièrement à des exercices de défis personnels qui appartiennent au registre de travail du traqueur. Rappelons que celui-ci est en affinité avec le coté droit de la conscience, c'est-à-dire le tonal, alors que le travail du rêveur est en affinité avec le coté gauche de la conscience, c'est-à-dire le nagual.

Se traquer soi-même et traquer ses semblables c'est se livrer à toutes sortes de jeux et d'exercices dont le but général est de se libérer des routines et habitudes conventionnelles, non pas par simple esprit de provocation mais pour augmenter sa confiance en soi, son humilité, sa résistance physique ou encore son équanimité (capacité de garder son sang-froid en toutes circonstances), ce qui, en définitive, permet aussi de développer son pouvoir, Intento.

Un défi personnel consiste à aller au devant d'une situation difficile avec la ferme intention d'en sortir à son avantage, de la résoudre, d'apprendre quelque chose et, éventuellement, si c'est une situation relationnelle, d'apprendre quelque chose à une autre personne sans en avoir l'air, c'est-à-dire sans vanité et sans profit personnel autre qu'apprendre et progresser. La force de permanence est toujours affaiblie au bénéfice de la créativité dans ce genre d'exercice comme dans tous les exercices chamaniques.

Cela peut être d'ordre physique (dormir une nuit par temps froid dans la nature, au pied d'un arbre, marcher toute une journée en jeûnant, se baigner dans l'eau glacée d'un torrent en plein hiver, etc.). Cela peut être d'ordre relationnel (aller faire la paix avec une personne qui vous hait beaucoup ou déclare en toutes occasions qu'il vous casserait volontiers la figure, négocier dans un magasin luxueux, de la façon la plus sérieuse et la plus tenace, le prix d'un article au quart de son prix affiché en imaginant tous les arguments possibles susceptibles de convaincre le vendeur que son produit vaut le prix que vous en offrez et pas plus, entrer dans un restaurant très chic habillé de vêtements bizarres, sales et déchirés, mais avec un maintien très sérieux et sûr de soi et juste ce qu'il faut de négligé pour que le maître d'hôtel ne soupçonne pas un canular, commander tous les plats du repas dans le sens inverse de leur ordre habituel : dessert d'abord, fromage ensuite etc., toujours avec le plus grand sérieux, comme si c'était la chose la plus naturelle du monde, etc.). Le traqueur joue aussi avec le langage, appelant une voiture une grotte roulante, un porte-manteau un arbre à guenilles, etc.

Le traqueur joue des scénarios étranges et insolites mais avec le plus grand sérieux et sans se moquer des gens mais en provoquant sa propre créativité et en suscitant une rupture dans la cohérence de sa vie et dans celle de ceux qu'il englobe dans sa traque.

Dans certaines situations, il pratique la compression intérieure de l'énergie du rire pour renforcer certaines glandes nobles du cerveau, la thyroïde, les surrénales ou le thymus.

FAIRE ALLIANCE AVEC LA MÉMOIRE ET NON LA COMBATTRE

Les non-faire en particulier et le nettoyage du tonal, de façon générale, ont pour but d'affaiblir le pouvoir excessif que la force de permanence (la mémoire) exerce sur notre existence, nous empêchant, par l'attachement qu'elle introduit dans toutes les habitudes et routines de notre vie quotidienne, de changer ce que nous devrions changer pour améliorer notre vie et nous épanouir.

En cela, elle représente le plus gros obstacle à cet épanouissement.

N'oublions pas cependant que la mémoire est une force gigantesque qui, avec son opposée-complémentaire, la force de créativité cosmique, structure tout l'Univers, physique et psychique, dans tous ses aspects et à toutes les échelles.

Nous voulons en fait, simplement rééquilibrer leurs influences respectives pour que la créativité cosmique s'exprime plus librement dans notre vie au service de ces changements.

Aussi, la pire chose que nous pourrions faire serait d'aborder ce rééquilibrage comme un combat entre deux rivaux, ce qui l'est chez beaucoup de personnes qui, à cause de cela, sont bloquées dans leur évolution.

Cela reviendrait à considérer la mémoire, plus forte jusque-là que sa force complémentaire, comme une énergie négative responsable de tous nos malheurs et contre laquelle nous voulons nous allier avec la force de créativité cosmique.

Cela consisterait, ni plus ni moins, à nous couper en deux pour subir le même blocage sans espoir dont nous parlions plus haut. Ce que nous devons faire, c'est de créer de nouvelles mémoires en permettant à notre créativité existentielle d'émerger et d'utiliser à cet effet la fonction de l'une pour nourrir l'autre mais cette fois librement, en choisissant nous-mêmes ces mémoires.

Nous montrons ainsi à la mémoire que nous respectons sa fonction organisatrice du monde et de notre conscience en utilisant les mêmes procédés qu'elle : c'est par la répétition que toute mémoire inconsciente a été mise en place, c'est par la répétition que nous allons introduire par notre persévérance de nouvelles mémoires dans notre vie mais cette fois des mémoires que nous désirons pour vivre la vie que nous souhaitons.

CHAPITRE XIII

Intento, le pouvoir de l'âme

> Mais pourquoi ne pas rendre conscient ce pouvoir inconscient tapi au centre de ton être et qui rayonne doucement autour de ton corps ?

Nous avons vu que l'enseignement toltèque se compose d'une partie théorique sans la compréhension et l'acceptation de laquelle la seconde partie comportant les quatre nettoyages perdrait beaucoup de son efficacité, la théorie et la pratique, plus qu'ailleurs, étant indissociables en développement personnel spirituel.

Cependant, même si le jeu en vaut largement la chandelle puisqu'il s'agit ni plus ni moins d'acquérir les moyens de mener sa vie vraiment comme on l'entend et de se libérer de toutes les barrières qui nous séparent d'un bonheur sans lequel l'existence nous paraît sans valeur, il ne faudrait pas prendre le chamanisme toltèque pour une poignée de recettes de bonheur facile sans contrepartie.

Tout engagement dans une démarche de transformation existentielle demande un travail et même des efforts car le pratiquant va se heurter aux résistances de la mémoire et les dépasser va demander de la volonté.

Or, une question majeure se pose alors : *où trouver cette volonté puisque le plus souvent, c'est précisément l'insuffisance de celle-ci qui, face à la puissance énorme des routines et habitudes mises en place par la mémoire, représente l'obstacle majeur à notre progression ?*

Heureusement, le chamanisme toltèque nous apporte sur-le-champ une réponse au sujet d'un précieux outil dont nous pouvons en quelques semaines valider l'authenticité.

Cet outil est un don, au sens littéral du mot, un cadeau qui a été déposé en nous dès notre conception et qui est un produit direct du gouvernail immanent de l'Univers, dispositif énergétique décrit au début du livre et existant chez tout être humain.

Ce pouvoir de transformer une volonté faible en volonté forte et créatrice est en chacun de nous, toute notre vie et quelle que soit notre fragilité.

Selon les chamanes toltèques, il existe dans l'Univers une force mystérieuse sur laquelle ils apprennent à « se brancher » pour accomplir leurs guérisons, pour s'autoguérir, pour connaître l'avenir et le passé, pour voyager dans l'autre monde, pour accomplir toutes sortes de prouesses, physiques et psychiques, inexplicables pour la logique officielle, qu'ils ont appris à développer dès les débuts de leur propre initiation.

Selon eux, cette force, imperceptible en état de conscience ordinaire, ne désigne rien de moins que l'énergie initiale de la volonté d'exister de tous les êtres de l'Univers, intimement associée à l'intelligence organisatrice de leur complexité et à leur capacité d'évoluer pour survivre et qui est présente dans toutes ses créations, en d'autres mots, ce que les religions appellent Dieu.

Et c'est ici que nous retrouvons l'importance de comprendre *l'immanence : toute la force de vie, toute l'intelligence organisatrice et toute la capacité d'adaptabilité des êtres humains sont, à tout instant, au cœur de leur conscience et à leur disposition s'ils veulent s'y éveiller.*

Intento est la quantité de ce pouvoir que l'homme est capable de s'approprier en pleine harmonie avec sa source, une fois décidé son éveil. *C'est l'outil par lequel tout changement voulu par l'apprenti, même le plus audacieux, devient possible et par lequel il pourra aussi recevoir le don de l'Aigle.*

Cette source, les chamanes ne lui adressent ni prières ni louanges ni supplications et ne lui dressent aucun monument somptueux.

Beaucoup plus simples, sobres et pragmatiques que les croyants religieux, ils l'utilisent tout simplement comme énergie pour s'autoguérir, guérir les autres, s'ils sont guérisseurs, mais aussi pour vivre la plénitude de la conscience humaine dans la joie et dans une existence impeccable. Cela leur paraît le plus bel hommage, la plus belle prière qu'ils puissent lui adresser puisque vivre ainsi, finalement, c'est tout simplement célébrer cette force.

Pour les mêmes raisons, ils ne demandent jamais pardon à cette énergie suprême car c'est elle qui les a dirigés vers l'erreur commise pour qu'ils apprennent quelque chose de nouveau en se trompant.

Comment les chamanes utilisent-ils cette force ?

Cette énergie créatrice du Grand Tout est à la fois psychique (donc conscience) et physique (donc matière) dans le sens où elle a une « fréquence » compatible et en harmonie à la fois avec le monde abstrait de la conscience et avec le monde concret de la matière. Ainsi est-elle à la fois en phase avec la force de permanence et avec la force de créativité cosmique.

Selon les chamanes toltèques, les religions ont eu pour objectif de rendre l'énergie spirituelle inabordable à l'homme d'abord en la sursacralisant et ensuite en la désintériorisant (dogme de la transcendance), la réduisant à un ensemble de rituels et de principes moraux, ceci afin de servir leur politisation et faire de l'énergie spirituelle ainsi dépouillée de l'essentiel, un pouvoir socialitaire réduisant l'homme au rôle d'un petit mouton docile.

Cette manipulation a eu pour effet de priver totalement l'être humain qui se soumet à cette gigantesque émasculation spirituelle, de tout espoir d'évolution individuelle et de le soumettre ainsi plus facilement.

Le premier pas de l'apprenti chamane consistera donc à démystifier le mensonge de la transcendance pour réintérioriser le pouvoir créateur de l'Univers (retour à l'immanence) afin de se souvenir de son âme et de retrouver son pouvoir créateur.

Intento nous attend au bout de ce premier pas et le second pas est de se persuader que notre âme est un hologramme du pouvoir créateur de l'Univers, l'Aigle (voir chap. III).

DÉVELOPPER INTENTO

Intento a des racines en vous : c'est votre volonté, si faible soit-elle dans votre esprit. Oubliez cette faiblesse, elle n'est pas un obstacle car vous pouvez la développer avec le cercle d'activation du pouvoir qui relie l'intention et l'action (fig. 8).

Mais avant de voir le fonctionnement très simple de ce cercle, voyons de quoi Intento est potentiellement constitué.

Intento est l'association de :

a – Une pensée simple et claire, contenant un projet (je veux ça…) dont on croit qu'il est juste et vrai ;

b – Un désir de l'appliquer, d'en réaliser la proposition ;

c – La foi la plus totale possible dans sa réalisation ;

d – Une confiance en soi la plus totale possible pour y arriver ;

e – L'investissement le plus total possible de l'attention au moment d'agir ;

f – Le passage à l'acte ;

g – La plus grande persévérance possible pour y arriver.

Dans une vision circulaire de tout processus énergétique, *il est essentiel de considérer qu'Intento est à la fois un moyen et un but.*

Intento, qui grandit en vous par le nettoyage du tonal, est en fait la force créatrice de l'Univers que vous attirez en vous, qui devient vous et, pendant ce temps-là, vous commencez à sentir réellement, physiquement et concrètement votre dualité corps physique/corps lumineux.

Ce développement du « vouloir » n'est en réalité qu'une préparation d'intento dans le tonal, c'est-à-dire dans la conscience ordinaire. Dès que l'apprenti-chamane commence à travailler directement du coté du nagual, il oublie cette association laborieuse de sept ingrédients car il est prêt à exercer la forme supérieure d'intento, qui est en fait un « vouloir sans vouloir », difficile à décrire verbalement. La pensée du désir, l'action qui le met en œuvre, la certitude totale de sa réalisation et la qualité d'attention qui le rend réalisable sont confondues en une seule énergie.

LE CERCLE D'ACTIVATION DU POUVOIR (fig. 8)

Fig. 8. Le développement d'Intento dans le cercle du pouvoir

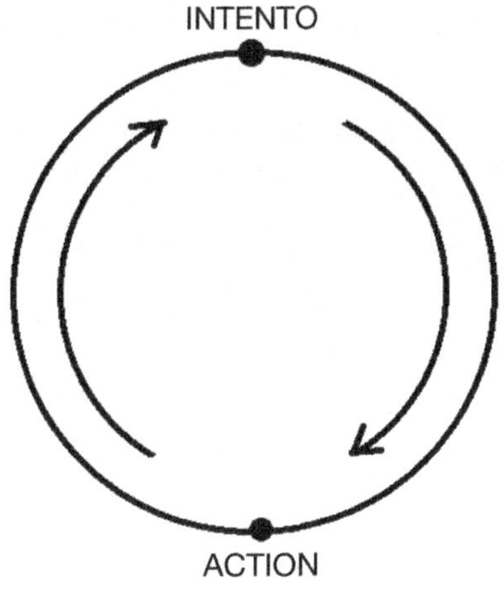

Lorsque vous commencez à agir, vous vous inquiétez peut-être de savoir si les sept ingrédients de votre intention sont suffisamment consistants pour que celle-ci ait du pouvoir. Ne vous en préoccupez pas. Apprenez seulement à les réunir.

B, C et D, pris ensemble, constituent à eux trois le cœur actif. Le point F est absolument capital, c'est lui qui déclenche la mise en route et l'efficacité de toute la procédure. Agissez ! Faites-le !

Car s'il faut de l'intention pour le faire, il faut en retour le faire pour développer l'Intention.

Ce processus circulaire (fig. 8) peut aussi s'exprimer négativement : je n'ai pas de volonté donc je ne le fais pas et comme je ne le fais pas, je ne développe pas ma volonté. Nous n'avons pas beaucoup de choix pour progresser et atteindre nos objectifs de bonheur, de santé et de réussite par le changement. Nous pouvons nous sentir enfermés dans ce cercle si nous ne saisissons pas la relation entre Intento et l'action ou le considérer comme la roue magique du pouvoir.

Nous sommes des êtres incarnés dans la matière, dans un corps et, dans ce monde matériel, sans action rien ne se passe. L'intelligence, la volonté, l'amour ne peuvent rien, ne servent à rien s'ils ne sont pas suivis d'actes, l'action étant ce qui réunit le corps et l'esprit, rencontre qui s'inscrit directement dans la démarche d'ouverture du champ de conscience de l'être humain.

L'esprit comprend, désire et décide, puis le corps agit comme son fidèle serviteur mais ce serviteur a beaucoup de poids car sans lui rien n'est manifesté et, dans ce monde incarné du tonal l'esprit ne peut pas faire ce que fait le corps.

En faisant de l'action le moteur principal d'une force assimilée à la force créatrice de l'Univers et qu'ils peuvent s'approprier, les chamanes toltèques démontrent l'équivalence du corps et de l'esprit et peut-être le fait qu'ils sont une seule et même chose.

Leur différence n'étant peut-être qu'une question de point de vue dépendant de l'ouverture du champ de conscience à partir duquel on observe la vie, tout comme en physique quantique la particule peut être perçue comme onde ou comme corpuscule. Le corps lumineux, c'est-à-dire l'âme, serait alors le véritable siège central de la conscience de vivre, le lieu de la plénitude, et le corps physique, comme le disent les chamanes aborigènes, n'en serait qu'une cristallisation rêvée, mais aussi la plus belle création de l'âme.

INTENTO ET L'INSTANT PRÉSENT

On retrouve le thème de l'instant présent dans toutes les spiritualités opérationnelles et des milliers de livres ont été écrits pour inciter l'être humain à pratiquer assidûment cette portion si mystérieuse du temps pour vider son mental de toutes ses pensées inutiles qui sont la cause principale de son mal-être.

Nous avons vu aussi dans les chapitres précédents que le silence intérieur produit par la pratique de l'instant présent est la voie royale vers les états de conscience élargie. Mais il a encore d'autres avantages : pour le chamane, il facilite « faire du rêve » (s'éveiller dans son rêve pour le maîtriser), prépare la transe et la perception du corps lumineux d'un patient afin de le soigner.

Quand nous avons une pratique régulière de l'instant présent, notre attention ordinaire du tonal, dite « attention première », se fortifie car la volonté ordinaire, le noyau de l'intention, se conjugue avec elle et la rend à la fois plus vivante, plus intense et plus libre de la mémoire.

En même temps, le fait de s'entraîner dans le quotidien à se concentrer sur tous les petits détails d'une situation permettra à notre attention, quand nous serons en état de conscience élargie, une mise en cohérence plus facile de tous les éléments du nagual qui vont constituer la réalité que nous souhaitons créer et faire exister dans le tonal.

Enfin, une attention-vigile plus entraînée constitue un attracteur et un synthétiseur puissant pour attirer dans le tonal les multiples éléments du nagual par nature plus volatiles que la réalité matérielle du tonal. Le monde matériel et incarné exerce, en effet, une force magnétique d'autant plus grande sur les réalités potentielles du nagual qu'il est lui-même plus imprégné d'intention.

CHAPITRE XIV

La conscience élargie et l'immortalité

LE CHEMINEMENT VERS LA CONSCIENCE ÉLARGIE EN TROIS PHASES

Dès le début du nettoyage du tonal, le pouvoir du pratiquant commence à croître. En réalité, il serait plus exact de dire qu'il se réveille car il est déjà en lui, comme nous l'avons vu dans le chapitre au sujet du gouvernail immanent de l'Univers.

De plus, chaque individu, disposant, selon son vécu antérieur, d'un niveau de conscience plus ou moins large, commencera ce nettoyage d'un point de départ différent.

À partir des trois types d'attention, la première, la seconde et la tierce attention, on peut définir trois grandes étapes dans l'évolution de la vie de l'apprenti chamane vers la plénitude de soi et vers son pouvoir.

L'attention première comprend elle-même deux attentions distinctes.

L'attention sélective est celle que l'homme exerce dans une vie normale, quand celle-ci est dominée par la force de permanence.

Dans cette situation, l'homme est enfermé dans un anneau de pouvoir entièrement géré par ses trois filtres. Avec cette attention, il y a très peu d'évolution véritable possible vers la conscience élargie, les seuls changements vécus étant eux-mêmes déterminés par les croyances contenues dans les filtres eux-mêmes.

Dès que le sujet désire évoluer, prend conscience de son anneau de pouvoir et s'engage dans le nettoyage de son tonal, il va passer peu à peu dans l'attention-vigile. Une attention consciente d'elle-même et son pouvoir commence tout doucement à s'éveiller.

Son niveau d'énergie remonte, sa santé s'améliore, son optimisme, son audace et sa confiance en soi augmentent. Sa créativité existentielle émerge en changeant certains de ses filtres pour amener les transformations qu'il souhaitait dans sa vie.

Peu à peu, se rapprochant de son âme, il va commencer à avoir des perceptions et des vécus intérieurs inhabituels. Tout prend, autour de lui, un autre relief, et ces expériences sont accompagnées d'un sentiment d'euphorie croissante qui est un message : il est tout simplement sur la bonne voie. S'il ressent plutôt des peurs c'est qu'il doit revenir en arrière dans ses nettoyages du tonal.

Ces perceptions, ces vécus, ces climats subtils et cette euphorie sont le signal qu'il peut progressivement s'engager dans des exercices plus prolongés dans le temps (non-faires, silence intérieur, exercices de conscience du corps, etc.) et aussi dans des pratiques dites « du côté gauche », c'est-à-dire directement orientées vers le nagual et l'éveil de la seconde attention, tout en restant modeste et stratégiquement prudent.

Parmi ces exercices il y a : faire du rêve, non-faires prolongés dans la nature, quêtes de visions, séjours dans un arbre ou dans la terre pour rééquilibrer sa connexion terre/ciel, etc.

Peu à peu, son pouvoir augmentant, au bout de quelques années, il va pouvoir l'utiliser, *tout en continuant de travailler sur lui-même avec humilité* (le nagual est féroce avec l'ego), à aider ses semblables, voire à les guérir par l'enseignement ou par des pratiques de guérison tout en favorisant l'autoguérison car telle est l'orientation du nouveau cycle actuel des chamanes toltèques qui estiment l'autoguérison supérieure à la guérison parce qu'elle nécessite une évolution spirituelle du patient qui n'est pas nécessaire dans l'acte de guérison pour laquelle il reste dépendant et immature (au sens toltèque du mot).

LA TIERCE ATTENTION ET LE PASSAGE VERS L'IMMORTALITÉ

Cette période marque pour lui l'accès à une longue maturation spirituelle qui va s'approfondir avec les années, jusqu'au moment où une prise de décision s'imposera à lui de s'engager ou non dans la tierce attention.

Mais une condition incontournable s'impose pour que cette décision ait un sens pour le chamane : celle de croire sans appel, sans le moindre doute, au pouvoir qu'a l'être humain de conserver sa conscience individuelle au moment de quitter son corps et la terre.

Le moindre doute à ce sujet impose que le chamane ait l'humilité d'en rester où il en est de son chemin et surtout d'en être parfaitement heureux. Si ce n'était pas le cas, et tout chamane ayant suivi la voie toltèque est supposé le savoir, à moins qu'existe une faille grave dans son travail sur l'ego, il perdrait rapidement le pouvoir durement acquis tout au long de son cheminement.

Compte tenu des innombrables croyances et idées fausses qui constituent l'épais brouillard d'ignorance et d'oubli dans lequel la conscience humaine est plongée dès la naissance de façon entièrement naturelle et voulue par l'Aigle, il est très difficile pour l'homme de croire à son immortalité, a fortiori s'il n'a pas nettoyé son tonal.

Essayons de définir le mieux possible les conditions et procédés de ce passage à l'immortalité.

La première et la plus importante des idées fausses qui nous empêche de croire à l'immortalité de l'homme vient de notre dualité esprit/matière.

Notre conscience est immatérielle et abstraite, notre corps est concret et matériel. Lorsqu'un être humain meurt autour de nous, nous voyons bien son corps se désagréger et disparaître dans la terre, mais nous ne savons pas où est son esprit et encore moins où est son âme, si toutefois nous y croyions au départ. Nous n'avons plus aucun contact avec cette personne, sauf dans de très rares exceptions et pour de rares personnes ayant une connexion établie avec leur âme.

Face au deuil, la nature matérielle et éphémère de l'être humain nous aveugle, nous submerge, nous déborde. L'évidence de la vie est avant tout matérielle pour l'immense majorité des êtres humains.

Nous vivons notre condition dualiste matière/esprit toute notre vie comme une fêlure naturelle, une énigme devenue banale bien qu'incompréhensible, mais que nous n'avons pas le temps d'éclairer et, de ce fait, nous préférons croire à la mort, je dirais, par manque de curiosité, tout simplement…

La vision des chamanes, est, à ce sujet, tout à fait différente. Ils ont adopté la curiosité pour la vie comme un axe majeur de leur existence.

Une passion qui est aussi leur profession : ce sont des chercheurs, des aventuriers de l'esprit. Toutes les autres occupations inhérentes à la vie quotidienne passent après cela et ils s'en trouvent très bien, parvenant à faire face aux besoins les plus ordinaires et matériels de la vie de façon tout à fait honorable et agréable.

Voici comment ils voient le sens de cet Univers et de ses créatures :

Le Grand Esprit (l'Aigle pour les chamanes toltèques) est l'être tout-puissant qui a créé et continue de créer tout ce qui existe.

Il a alloué à tous ces êtres une nature dualiste, avec une double dimension à la fois abstraite, intérieure, et impondérable, l'esprit, et aussi avec une dimension matérielle, concrète et physique, le corps. Certains de ces êtres ont une « dose d'esprit » très réduite, quasiment infinitésimale (comme le monde minéral, par exemple), et d'autres sont « tout esprit » et quasiment exempte de matérialité (comme les entités évoluant dans le nagual et dénuées de corps physique, par exemple). Plus d'esprit ne voulant pas dire du tout, ici, « plus intelligent » mais d'une nature totalement volatile, dénuée de toute préoccupation matérielle, vivant dans l'abstrait, la conscience, sans nécessairement accoler à ce « plus » une connotation de qualité. *L'énergie est le dénominateur commun à tous ces êtres.*

Les capacités et les vécus de l'esprit relèvent d'énergies d'une certaine subtilité : la pensée, les perceptions, les émotions, les sentiments, selon ce que nous pouvons en expérimenter sur la terre, la matière ayant, à l'opposé, ses propres énergies, la plus matérielle de toutes étant la force gravitationnelle.

Les êtres de l'Univers possèdent chacun des dosages très variables d'énergies correspondant à l'esprit ou à la matière, sans que ces différences de dosage impliquent une idée de valeur supérieure des uns par rapport aux autres, tous les êtres de l'Univers ayant une relation de complémentarité totale les uns vis-à-vis des autres. L'Univers est un tout dont chaque partie a sa place vis-à-vis des autres parties.

Ce qui est à rechercher pour l'être humain n'est donc pas une supériorité de sa conscience, ou une domination de sa conscience sur son corps mais une parfaite fusion de l'esprit et du corps pour créer la tierce attention. Un auteur russe parle de « spiritualisation de la matière » ou de « matérialisation de l'esprit » associées.

Le Grand Esprit, l'Aigle, possède lui-même la maîtrise de toutes les énergies de toutes ses créatures et étant intérieur à elles toutes, elles possèdent donc toutes le potentiel dynamique venant de lui, c'est ce que les chamanes toltèques appellent le gouvernail immanent de l'Univers.

L'énergie étant la loi suprême de l'Univers total, toutes les créatures ont donc la possibilité de bouger et de changer, puisque c'est le rôle même de l'énergie présente partout. Elles ont la liberté de le faire, donc d'évoluer en s'appropriant la manipulation du gouvernail, les quatre dualités majeures de l'Univers (voir le chap. v). Il faut simplement qu'elles deviennent conscientes qu'elles sont libres, il faut seulement qu'elles osent le penser.

Bien que l'Aigle crée l'Univers en permanence, il n'intervient pas dans celui-ci, son temps à lui est un temps simultanéiste, le temps conscient des êtres créés étant linéaire. Et même si nous souffrons atrocement, même si nous subissons les pires injustices, venir nous protéger, nous guider n'est pas son propos, *puisqu'il nous a déjà tout donné : le gouvernail immanent de l'Univers ! Nous avons déjà l'énergie et les outils pour changer tout ce que nous voulons, si nous le désirons et si nous sommes assez curieux ! À nous de trouver le mode d'emploi !*

LES TROIS OPTIONS DE L'AIGLE

En fait, l'Aigle nous offre trois possibilités :

Première possibilité : durant cette existence terrestre, nous ne nous livrons à aucun travail sur nous-mêmes, nous ne nous faisons pas progresser nous-mêmes et passons ainsi à côté de la plus haute responsabilité de l'Univers : aller vers la liberté totale en devenant ce que nous désirons profondément être, devenir ce que notre âme nous souffle d'être, augmenter la conscience libre de l'Univers.

Dans ce cas, quand la mort vient, notre conscience oublie cette personnalité que nous avions et cette vie terrestre que nous quittons et notre âme va être momentanément récupérée par l'aigle pour la nettoyer puis la redistribuer à un autre être en train de naître, et ceci dans des conditions d'intégrité énergétique variable selon la régression que nous avons éventuellement vécu pendant cette vie, en termes d'ouverture de conscience.

L'être essentiel, l'âme que nous étions continue d'exister dans ce nouvel être mais nous ne le savons pas, car nous n'avons aucune mémoire de la vie précédente (sauf capacités exceptionnelles et réminiscences ponctuelles non reproductibles à volonté).

Deuxième possibilité: durant cette existence terrestre, nous nous éveillons à notre âme et travaillons à l'élargissement de notre champ de conscience, mais sans atteindre la tierce attention. Quand notre corps meurt, notre âme emmène avec elle les progrès de conscience accomplis dans le tonal pour en faire profiter le nouvel être dans lequel elle va se glisser pour qu'il vive une vie de plus haut niveau que celle de l'être qu'il a quitté mais toujours avec une rupture mémorielle totale avec cette vie passée.

Enfin, troisième possibilité: durant cette existence terrestre, le sujet, devenu chamane et même nagual (nom donné à un chamane ayant atteint ce niveau), a pu entrer dans la tierce attention, produit de la fusion de la première et de la seconde attention. Il voit le passage pour l'immortalité et y entre. *C'est le Don de l'Aigle.*

Il garde la mémoire de sa conscience précédente, car elle est d'une richesse exceptionnelle. Il est capable de s'incarner à nouveau instantanément dans un être vivant de n'importe quel type (végétal, animal, humain) et de se désincarner tout aussi instantanément, ou encore, bien sûr, d'évoluer comme être non organique dans l'immensité du nagual avec le pouvoir de créer tout ce qu'il veut (peut-être ce que le vocabulaire religieux appelle un ange). Il peut voyager dans les confins de l'Univers et jouer avec sa dualité matière/esprit dans la plus totale liberté.

Peut-être a-t-il une mission mais à ce sujet je n'ai aucune connaissance.

Sur la terre qu'il quitte comme être humain, son passage à l'immortalité s'accompagne d'une disparition totale de son corps physique.

C'est l'inversion du E = MC2 en MC2 = E, la transformation du corps physique encore vivant en pure « énergie-lumière-conscience ». Il retourne en fait à sa source, l'âme, elle-même modèle réduit et hologramme de l'Aigle mais enrichie de l'expérience terrestre.

Cette prouesse de l'être humain de développer le pouvoir de transformer entièrement son corps physique en pure conscience lumineuse au moment du passage à l'immortalité après être né sur la terre de la prouesse inverse réalisée par son âme, nous apparaît comme le plus subtil et le plus merveilleux des processus circulaires de l'Univers qui amène irrésistiblement l'idée d'un autre paradigme spirituel pour l'humanité à venir :

L'Aigle et l'homme ne sont qu'une seule et même chose : *intento, la volonté d'être*, mais ils jouent à s'oublier et à se retrouver pour tromper la solitude de l'unité initiale de ce pouvoir suprême, c'est pourquoi, ensemble ils ont créé l'énergie, *la volonté de faire*.

La méditation du Serpent à plumes

Nous avons vu tout au long de ce livre que notre guérison, celle que nous pouvons accomplir nous-mêmes, à la fois sur le plan psychologique et physique, et que l'on appelle « autoguérison » ou « développement personnel » peu importe, dépend de notre pouvoir personnel.

Ce pouvoir dépend lui-même d'une démarche délibérée consistant à développer une forme très particulière de volonté qui émerge lorsque nous nous rapprochons de notre âme pour opérer peu à peu une mise en cohérence entre celle-ci, notre esprit et notre corps. Cette forme de volonté globalisante est appelée intento par les chamanes toltèques ou « intention » en français.

Plus nous développons Intento, plus nous avons de pouvoir. Plus nous exerçons ce pouvoir dans le sens de la vie et de la conscience élargie plus l'intention grandit en nous. La clé de ce processus circulaire se trouve dans notre capacité de mettre en actes dans notre vie les principes de base destinés à nettoyer toutes les mémoires qui constituent une bonne partie du contenu de notre esprit et qui ne nous appartiennent pas mais que nous avons longtemps cru faire partie de notre personnalité avant de découvrir nos dualités fondamentales dont celle du tonal et du Nagual ainsi que le processus de l'anneau de pouvoir.

Le nettoyage du tonal peut être considérablement stimulé et accéléré si nous utilisons une méditation très spéciale appelée « la méditation du serpent à plumes », extraite du chamanisme toltèque.

Vous pouvez la pratiquer dans n'importe quel endroit mais, bien sûr, vous vous sentirez mieux et elle sera donc plus efficace dans un endroit calme et, en particulier, dans la nature, dans un grand bois, par exemple. C'est un exercice en cinq phases. En voici la description.

• Se poser dans un endroit que vous avez choisi, et cesser toute activité – rester debout, le dos droit, sans appui mais cependant relâché.

Attendre quelques secondes pour apaiser l'esprit encore rempli des pensées du moment précédent, avant de commencer la méditation. Puis commencer à contempler l'endroit où vous êtes en état de silence intérieur, d'une façon exclusivement sensorielle, c'est-à-dire sans le commenter intérieurement, sans le penser, ni le comparer ni même vous émerveiller, en se consacrant exclusivement à cette contemplation tranquille.

Tourner lentement sur soi-même pour contempler l'endroit dans toutes les directions, sur 360 degrés, sans vous presser – vous regardez paisiblement chaque détail du paysage pendant que vous effectuez tranquillement une rotation complète sur vous-même. Vous êtes dans un état émotionnel de bienveillance et d'affection pour ce qui est là, quoique ce soit, mais sans exaltation. Cela devrait durer environ de cinq à huit minutes.

• Ensuite, vous fermez les yeux et vous commencez à sentir votre corps, tout aussi paisiblement, partie par partie puis dans sa globalité. Sentir son corps, ce n'est pas y penser ou le penser, même pas le visualiser, mais le sentir exclusivement sensoriellement (par l'exercice de ce que l'on appelle la proprioceptivité).

Là aussi, évitez soigneusement tout commentaire intérieur, toute pensée. Ne vous dites même pas : « Oh je suis bien, quel bonheur ! » Le vivre est suffisant, toute pensée est superflue. C'est un apprentissage peut-être difficile pour une personne moderne de votre époque mais vous constaterez très vite les résultats impressionnants de cette façon de faire.

Vous pouvez aussi laisser un très léger sourire affleurer sur vos lèvres, à peine visible de l'extérieur, mais très efficace pour détendre à la fois votre visage, votre corps et votre esprit. Cela devrait durer à peu près quatre à six minutes.

• Maintenant, vous allez ouvrir les yeux et faire simultanément les deux exercices précédents, sauf que cette fois, bien sûr, vous ne fermez pas les yeux. Cela devrait durer de deux à trois minutes.

– Après avoir fait une petite pause de soixante secondes, vous fermez à nouveau les yeux et vous pensez à votre âme, en tant que double énergétique subtil, comme œuf lumineux dans lequel se trouve votre corps physique, de couleur bleue comme le ciel et comme véhicule vers toutes les réalités que vous rêvez de vivre et d'être. Vous appelez le sentiment d'amour dans votre cœur et vous le dirigez vers votre âme, ainsi que le sentiment de gratitude sans réserve pour la vie. Cet exercice dure aussi cinq à six minutes.

• Vous ouvrez à nouveau les yeux et vous faites simultanément les phases 1, 2 et 4, sauf que vous gardez, bien sûr, les yeux ouverts. Pour terminer cette phase, vous prononcez les mots suivants, si possible à voix haute ou dans votre tête :

«*Mon esprit, mon corps et mon âme sont réunis,*
je suis au centre de mon être, mon corps se fortifie,
mon esprit est serein, mon âme se réjouit.»

Ou encore l'invocation suivante :

«*Dans le silence de mon esprit, mon âme enfin se lève pour me guider sur le chemin de ma croissance et de ma guérison.*»

Cette dernière phase devrait durer quatre minutes.

Cette méditation très puissante favorise le rapprochement du corps, de l'esprit et de l'âme. Les chamanes toltèques l'appellent la méditation du serpent à plumes, car celui-ci symbolise la complémentarité de la terre (le serpent), et du ciel (l'aigle), la dualité dynamique qui représente l'unification créative de la matière et de l'esprit, source du pouvoir des chamanes toltèques.

À condition de la faire régulièrement, avec tout votre cœur, elle participera de façon très efficace au retour ou au renforcement de votre bien-être, de votre vitalité et à la réalisation de vos projets. Il est essentiel de la pratiquer sans volontarisme, sans y investir un désir avide car cela créerait des tensions mentales et physiques allant dans le sens opposé à ce que vous recherchez. Pratiquez-la avec une totale sérénité, sans le moindre doute.

Lexique

Égrégore: se dit d'une énergie psychique qui se nourrit des pensées, croyances et émotions d'un groupe important d'individus du même type (végétal, animal ou humain) et constitue en retour une force qui va pousser tous ces individus à penser et à se comporter de la même façon, constituant l'outil idéal, à notre époque de grande puissance médiatique (télévision, internet, etc.) pour formater d'immenses populations, voire l'humanité toute entière. Le mot « grégaire » vient de la même racine et désigne une personne sans personnalité et qui se conforme à la pensée numériquement dominante.

Entropie : le fait que l'énergie de tout système organisé va en se dégradant au cours des transformations successives qu'il traverse, allant progressivement vers le chaos. Certains scientifiques parlent ainsi de non-conservation inéluctable de l'énergie. Le concept opposé est la néguentropie.

Esprit: peut désigner plusieurs choses. Avec un petit « e » désigne, dans ce livre, la conscience ordinaire. Ou encore, la sensation d'exister. Avec un grand « E », il peut désigner la force créatrice de l'Univers (le grand Esprit des Amérindiens, par exemple)-

Étiologie : science de la recherche des causes initiales d'une maladie ou d'une douleur, en médecine.

Factuel: se dit d'une connaissance relevant d'un fait vécu directement par celui qui en parle

Holistique : se dit d'une vision globale du fonctionnement d'un être vivant qui tient compte des interactions que les différents organes et plans d'existence entretiennent entre eux. – (médecine holistique, soin holistique, traitement holistique...). Notamment du corps et de l'esprit.

Hologramme : procédé photographique en 3D, pris au laser représentant la totalité de l'information de la scène photographiée (considérée sous tous les angles). Comme un petit morceau de l'hologramme permet de reconstituer toute l'image, on utilise, par comparaison, le mot « holographique » pour désigner une petite partie extraite d'une chose qui représente, malgré cela, toute la chose elle-même.

Immanence : concept philosophique et théologique selon lequel le pouvoir créateur de l'Univers est présent au cœur de chacune de ses créations

Inférentiel : se dit d'une connaissance dont on n'a pas expérimenté la réalité correspondante directement mais que l'on tient d'une source quelconque : autre personne, média, etc. Une connaissance de « seconde main », qui, pour soi, est donc purement théorique.

Maelström : tourbillon produisant dans un élément, généralement liquide ou gazeux, une forte agitation. Employé au figuré dans ce livre pour qualifier l'agitation permanente des pensées dans l'esprit de l'être humain.

Nocebo : (effet nocebo) à l'inverse de l'effet placebo désigne le caractère d'une maladie ou souffrance physique uniquement produite par l'influence psychologique de l'évocation ou de l'annonce par une personne à une autre, de cette maladie ou de cette souffrance.

Ontologie – ontologique – discipline métaphysique qui traite du fait d'être, d'exister, des conditions qui rendent possible soit l'existence même d'un être vivant soit du sentiment d'exister de cet être.

Placebo : (effet) – phénomène de guérison partielle ou totale d'une personne lié à la foi qu'elle place soit dans un médicament soit dans celui-ci et dans le thérapeute qui le lui prescrit, alors que ledit médicament ne contient aucun produit thérapeutique mais seulement un excipient totalement neutre et inoffensif.

Psychosomatique : se dit de tout concept ou théorie, discipline ou thérapie qui tient compte de la relation d'influence que l'esprit et le corps peuvent avoir l'un sur l'autre.

Rémanence : caractère de ce qui persiste dans sa présence ou dans son effet.

Sémantique : science créée par Alfred Korzybski et dont l'objet est d'étudier les effets sur la pensée et les actes de l'homme du décalage existant entre le langage et les réalités qu'il représente et, par extension, entre toute représentation virtuelle d'une réalité et celle-ci.

Socialitaire : caractère de tout ce qui, dans la vie quotidienne des êtres humains, favorise leur alignement psychologique et comportemental sur l'ensemble des règles, coutumes, lois, modes, mœurs, imposés par le pouvoir politique, médiatique, artistique ou culturel et adoptés de façon grégaire par le plus grand nombre.

Transcendance : concept métaphysique selon lequel la force créatrice de l'Univers se trouverait en dehors et au-dessus de ses créatures, d'une nature tellement supérieure à l'humain et à n'importe laquelle de ses créatures qu'elle lui serait inaccessible.

Transduction : utilisé dans ce livre dans un sens restreint, désigne la transformation d'un type d'énergie en un autre type.

Table des matières

Avertissement au lecteur 7

Prologue 9

Introduction 11

Première partie
LE CHEMIN DE L'ÂME

CHAPITRE PREMIER. Retrouver notre pouvoir perdu. 17

CHAPITRE II. La bonne nouvelle 23

CHAPITRE III. L'anneau de pouvoir,
clé de la conscience humaine 47

CHAPITRE IV. L'âme, cette immortelle voyageuse ... 61

CHAPITRE V. Le diagramme toltèque du changement 77

CHAPITRE VI. La maladie, l'équilibre intérieur
et l'autoguérison holistique 89

CHAPITRE VII. La maladie, la santé
et le monde moderne 103

Seconde partie
LE NETTOYAGE DU TONAL

CHAPITRE VIII. Du tonal au nagual, nettoyage et ouverture 109
CHAPITRE IX. Le nettoyage du mental 115
CHAPITRE X. Le nettoyage affectif-émotionnel 131
CHAPITRE XI. Le nettoyage corporel 155
CHAPITRE XII. Le nettoyage comportemental 167
CHAPITRE XIII. Intento, le pouvoir de l'âme 181
CHAPITRE XIV. La conscience élargie et l'immortalité 189
La méditation du Serpent à plumes 197
Lexique 201

conception
réalisation
mise en page
pca
44405 Rezé cedex

Achevé d'imprimer par Corlet, 14110 Condé-en-Normandie
N° d'imprimeur : 20090221 - Dépôt légal : mai 2013 — *Imprimé en France*